论法的精神

[法]查理·路易·孟德斯鸠 著　张雁深 译

MONTESQUIEU

云南出版集团
云南人民出版社

果麦文化 出品

5

TOME
CINQUIEME

目 录

第二十四章 从宗教惯例和宗教本身考察各国国家建立的宗教和法律的关系

- 001 第一节 一般的宗教
- 002 第二节 贝耳先生的谬论
- 003 第三节 宽和政体此较宜于基督教，专制政体比较宜于伊斯兰教
- 005 第四节 从基督教和伊斯兰教的性格所产生的后果
- 005 第五节 天主教比较宜于君主国，耶稣新教比较宜于共和国
- 006 第六节 贝尔的另一谬论
- 007 第七节 宗教至善境域的法律
- 008 第八节 道德法规和宗教法规的协调
- 008 第九节 古犹太戒行派教徒
- 008 第十节 斯多噶派
- 009 第十一节 沉思默想
- 010 第十二节 苦行
- 010 第十三节 无法救赎的罪恶
- 011 第十四节 宗教怎样影响法律
- 013 第十五节 法律怎样纠正虚伪的宗教的谬误
- 014 第十六节 宗教的法规怎样消弭政制的弊害
- 015 第十七节 续前
- 016 第十八节 宗教的法律怎样具有凡俗法律的效力
- 016 第十九节 一个国家的宗教对人类有利或有害，主要不在教义的真伪，而在适用得当否

018	第二十节	续前
018	第二十一节	轮回
018	第二十二节	如果宗教引起人们对无足轻重的事物的嫌忌是危险的
019	第二十三节	节日
020	第二十四节	宗教的地方性的戒律
021	第二十五节	一国的宗教输入他国是不方便的
022	第二十六节	续前

第二十五章　法律和各国宗教的建立及对外政策的关系

024	第一节	对宗教的感情
024	第二节	信奉不同宗教的不同动机
026	第三节	庙宇
028	第四节	教僧
030	第五节	法律对僧侣团体的财富所应加上的限制
031	第六节	修道院
032	第七节	迷信上的奢侈
033	第八节	宗教的首长
033	第九节	宗教自由
034	第十节	续前
034	第十一节	宗教的变更
035	第十二节	刑法
036	第十三节	奉告西班牙、葡萄牙宗教法庭的法官们
039	第十四节	为什么基督教那样为日本所厌恶
040	第十五节	宗教的传布

第二十六章　法律和它所规定的事物秩序的关系

042	第一节	本章主旨
043	第二节	神为法和人为法
044	第三节	民法和自然法的抵触
045	第四节	续前
046	第五节	什么情况下可以依据民法的原则裁判而对自然法加以限制
047	第六节	继承的顺序应以政治法或民法的原则而不应以自然法的原则为依据
049	第七节	自然法的问题不应依宗教的箴规裁决
050	第八节	应依民法的原则规定的东西就不应依寺院法的原则规定
051	第九节	应依民法的原则规定的东西常常不能依宗教的原则加以规定
053	第十节	在什么场合应该遵从民法所容许的，而违背宗教的禁令
053	第十一节	人类的法庭不应以有关来世的法庭的箴规作准则
054	第十二节	续前
054	第十三节	关于婚姻，什么时候应遵从宗教法规，什么时候应遵从民法
056	第十四节	关于亲戚间的婚姻，什么时候应依自然法，什么时候应依民法的规定
060	第十五节	以民法为根据的事情就不应当用政治法加以规定
062	第十六节	应依政治法的准则处断的事项就不应依民法的准则处断
063	第十七节	续前
064	第十八节	必须研究外表似乎矛盾的法律是否属于同一体系
065	第十九节	应依家法断处的事项不应依民法断处

065	第二十节	属于国际法的事项不应依民法的原则断处
066	第二十一节	属于国际法的事项不应依政治法断处
067	第二十二节	印伽人阿杜阿尔巴的不幸遭遇
067	第二十三节	由于某种情况，政治法将使国家遭受毁灭的时候，就应该采用保存国家的政治法；这种政治法有时就成为国际法
069	第二十四节	警察规则和其他民法不属于同一体系
070	第二十五节	当问题应当服从由事物的本性推演出来的特殊法规的时候，就不应当依照民法的一般规定处理
071	**原编者注**	

第二十四章　从宗教惯例和宗教本身考察各国国家建立的宗教和法律的关系①

第一节　一般的宗教

在黑暗之中，我们能够辨认哪里最不黑暗；在几个深渊之前，我们能够辨认哪一个最不深；同样，在各种虚伪的宗教之中，我们也能够看出哪一些宗教最符合于社会的利益；哪一些宗教最能够使人得到今生的幸福，虽然它们不能够给人来世的快乐。

因此，我只要从一种宗教在尘世生活上所可能给人们的好处着眼，去研讨世界上的各种宗教，不管它们的根源是在天上或是在人间。

我不是以神学家，而是以政治著作家的身份来写这本书的，所以书里可能会有一些东西，只有用人类尘俗的思维方式去考察，才能看出是完全真实的；这不是从它们和更崇高的真理②的关系去考虑的[1]。

关于我们的真教③，只要稍微有一点点公正心的人，就可以看到，

---

① 甲乙本的标题是《从宗教的信条和宗教本身考察宗教和法律的关系》。
② "更崇高的真理"指的是"神"等等。——译者
③ 甲乙本没有"关于我们的真教"句。

001

我从来没有意思要使这种宗教的利益①服从政治的利益，我是要两种利益结合起来。那么现在，既然要结合它们，就必须要了解他们。

基督教要人相亲相爱，毫无疑义它愿意各民族都有最好的政治法规和最好的民事法规，因为除了基督教是人类最高的福泽之外，最好的政治法规和最好的民事法规就是人类所可能"施"与"受"的福泽中最大的福泽。

第二节　贝耳先生的谬论

贝耳先生自称已证明，当一个无神论者要比当一个拜偶像的教徒好些②。换句话说，什么宗教都没有的害处，要比有一个坏宗教的害处少些。他说，"我宁愿人们说我不存在，也不愿人们说我是个坏人"③。这只是一种诡辩而已。它的根据是："相信某一个人的存在"对人类是毫无用处的。哪里知道，"相信一个神的存在"却是很有用处的。从没有神明存在的思想，就将产生人类恣肆无羁的思想；换句话说，如果我们没有神明存在的思想，我们就将有背谬的思想。如果因为宗教不能无时无刻都约束住人们的坏行为就否认宗教是一种约束力量的话，那么我们也就可以否认民事法规是一种约束力量了。在一本卷帙浩繁的著作里，不厌其详地胪列宗教所产生的弊害来反对宗教，而不同样地列举宗教所给人们带来的好处，这种论法是笨拙的。如果我把

---

① 原文作"它的利益"；甲乙本作"这种宗教的利益"；二者的意思是一样的。
② 《漫话慧星……思想续录……》第2卷。
③ 这句话是用个人去比宗教，即坏人不如无人，坏宗教不如无宗教。孟德斯鸠认为是诡辩，因为二者不能相比，个人不存在没有关系，宗教不存在就有关系。——译者

世界上的民法、君主政体、共和政体所产生的一切弊害都叙述一下的话，就将使人们毛骨悚然，惊骇不置。即使说，老百姓信仰宗教是没有用处的话，君主信仰宗教却是有些用处的；宗教是唯一约束那些不畏惧人类法律的人们的缰绳，君主就像狂奔无羁、汗沫飞溅的怒马，而这条缰绳就把这匹怒马勒住了。

一个又热爱又畏惧宗教的君主，就好比是一只狮子对抚摩它的手掌或安慰它的声音驯服一样。一个又畏惧又憎恨宗教的君主，就好比是一只野兽，怒吼者、啮咬着那防备它向走近的人们扑去的链子。一个完全不信宗教的君主，就好比是一只可怕的动物，它只有在把人撕碎、吞食时才感到它的自由。

问题不是：一个人或是一个民族"不信宗教"和"有宗教而产生流弊"二者之间哪一个好处多。而是："宗教有时候产生些流弊"和"人类完全不信宗教"二者之间，哪一个害处少。

为了使人比较感觉不到无神论的可怕，人们就对崇拜偶像的宗教作了过度的指责。古人设立祭坛，供奉某种邪恶之神；这并不是说，他们喜爱这种邪恶；恰恰相反，它意味着对这种邪恶的憎恨。拉栖代孟人建筑一个庙宇供奉恐惧之神，这并不是说，这个好战的民族竟期望该神在战役中夺去他们的英勇气魄。有些神明，人们祈求他们不要鼓励罪恶；另一些神明，人们祈求他们保护，不至陷入罪恶。

第三节　宽和政体比较宜于基督教，专制政体比较宜于伊斯兰教

基督教和纯粹的专制主义是背道而驰的。《福音书》极力提倡仁爱，

所以基督教反对君主以专制淫威去裁决曲直、去肆意横虐。

基督教禁止多妻,所以基督教的君主们比较不幽居深宫,比较不和国民隔绝。因此,就比较有人性;他们比较愿意依从法律,而且能够感觉到自己并不是什么都可以为所欲为的。

伊斯兰教的君主们不断杀人或是被杀。但基督教使使君主们无须那样畏惧怯恿,因此也就不那样残忍。君主信赖国民,国民信赖君主。真是妙极!基督教看来似乎仅仅追求末世的福祉,但还给我们今生的幸福。

基督教阻止了专制主义在埃塞俄比亚确立脚跟,虽然那个帝国幅员广阔,气候恶劣。基督教又把欧洲的风俗和法律带到非洲的中部去。

埃塞俄比亚的皇太子,享受着治理一个公国的快乐,给其他国民做出了仁爱和顺从的榜样。就在他的近邻,人们看到,伊斯兰教使塞纳尔国王的王子们都被幽禁了起来[①];国王死后,枢密院就派人把他们都杀死来支持那位登上宝座的王子。

让我们张开眼睛,一面看看希腊、罗马的君王和领袖们所不断进行的屠杀,另一面看看铁木儿、成吉思汗这些蹂躏了亚洲的领袖们,如何把人家的民族和城池毁灭掉。我们就将理会到,我们受到了基督教的恩惠,即在施政方面,获得了某种"政治法",在战争方面,获得了某种"国际法",这些法规是人性所不能充分认识到的。

在我们彼此的关系上,就是这种国际法使战胜者保存这些属于战败者的重要东西,即生命,自由、财产和宗教——总是保存宗教;同时,胜利者也不是看不到自己的利益[2]。

我们可以说,今天欧洲的人民并不比专制的、军事的罗马帝国时

---

① 庞斯医生:《埃塞俄比亚记游》,载《耶稣会士书简集》第4辑第290页。

代的人民和军队，或是比当时军队与车队之间的关系，更为纷乱。当时，军队混战，互相攻打，另一方面又抢劫城池，分割或没收土地。

第四节　从基督教和伊斯兰教的性格所产生的后果

从基督教和伊斯兰教的性格来说，我们并不需要作进一步的考察，就可以知道应当皈依哪一种，舍弃哪一种；因为一种宗教如何使民风朴实，总要比一种宗教是否是种真教，明显得多。

如果宗教是由征服者授与的话，这对人性是一种灾难。伊斯兰教只靠利剑讲话；它是通过破坏建立起来的；它仍然用这种破坏的精神去影响人类。

飒拔哥是游牧的君王之一[①]。他的故事是美妙的。梯柏人的神在他梦中出现，命令他把所有埃及的祭们都杀死。他认为，这是神明们已经不再喜欢他当国王，所以才命令他做一些同他们通常的意愿这样相反的事情；因此，他退居到埃塞俄比亚去了。

第五节　天主教比较宜于君主国，耶稣新教比较宜于共和国

一种宗教在一个国家里的诞生和成长，通常同那里的政体的意图是相吻合的，因为它是在这种政体之下建立起来的，在那些信奉或让人信奉这种宗教的人们的脑子里，除了他们出生地的国家的政策思想而外，几乎是没有他种关于施政[3]的思想的。

[①] 参看狄奥都露斯：《历史文献》第1卷第18章。

两世纪以前,当基督教不幸分裂为天主教和新教的时候,北方的民族皈依了新教,而南方的民族则仍然保存了天主教。

这是因为北方的民族具有,并将永远具有一种独立和自由的精神,这是南方的民族所没有的。所以一种没有明显的首长的宗教,比一种有了明显的首长①的宗教,更适宜于那种风土上的独立无羁的精神。

在建立了新教的那些国家里,革命也是按照国家各自的政治意图进行的。支持路得的是一些大君主,所以路得是不可能使这些君主领略一种没有堂皇外表的教会权威的好滋味的②。但是,支持喀尔文的是一些生活在共和国里的老百姓或是一些在君主国里默默无闻的中产者。所以喀尔文是大可不必建立优越特权和高位显职的。

这两种教派都自信是最完善的。喀尔文派的教徒认为自己的信仰最符合于耶稣基督所说的话;路得派的教徒则认为自己的信仰和使徒们的行为最相吻合。

第六节 贝尔的另一谬论

贝尔先生,在侮辱了一切宗教之后,又毁谤基督教。他竟大胆地说,真正的基督教是不可能组成任何能够生存的国家的。为什么不可能呢?真正的基督徒,如果作为公民的话,一定非常了解自己的职责,并将用最大的热诚去尽他们的职责;他们将最能感觉到天赋的自卫权利。他们越相信受到宗教的恩泽,就越想念受到祖国的恩泽。基督教的原则,深深铭刻在人们心坎上的时候,将比君主国那种虚伪的"荣

---

① 指教皇。——译者
② 这意思是说,路得的散会需要有威仪堂皇的外表,这些君主才能欣赏。——译者

誉",共和国那种属人的"品德"和专制国家那种奴隶性的"恐怖",远为坚强而有力。

这个伟大的人物竟然会被人指责为误解了他自己的宗教的精神,竟然不懂得建立基督教的政令和基督教本身的区别,不懂得《福音书》的"戒律"和"劝说"的区别①,实在使人骇异。当立法者不制定法律,而只是进行劝说的时候,那是因为他看到:如果把这些劝说也定为法律的话,就将违背他的法律的精神。

第七节 宗教至善境域的法律

人类制定的法律是我们行动的指导,所以应该是戒律,而不是劝说[4]。宗教是我们内心的指导,所以是劝说多而戒律少。

例如宗教设立规矩,为的不是"优",而是"最优";为的不是"善",而是"至善";所以,这些规矩应该是劝说,而不是法律,才方便适宜;因为至善境域并不同全体人类,也不同世界万物,都发生关系。不仅如此,倘使把这些规矩定为法律的话,就需要有无穷无尽的其他法律来使这些首先制定的法律得到遵守。基督教劝人独身。在人们为某一种人[5]制定了一条独身的法律之后,为使那些人遵守这条法律,就每天都需要制定新的法律②。立法者把喜爱至善境域的人们可以作为一种"劝说"来实现的东西,竟当作一种"戒律"来执行;这样,他既使自己疲劳,又疲劳了社会。

---

① 甲乙本这段话的次序略异:"竟然会被人……宗教的精神"句是放在"竟然不懂……本身的区别"句之后;同时又没有"不懂得《福音书》……的区别"句。乙本的勘误表做了本文的修正。
② 参看杜彬:《第六世纪僧教著述汇览》第5卷。

第八节　道德法规和宗教法规的协调

在一个不幸而信奉一种非由上帝赐予的宗教的国家里，它的宗教总是有必要同道德取得一致：因为一种宗教即使是虚伪的，也是人类所可能使自己诚实廉正的最好保证。

秘古人的宗教的主要教义是：不杀人，不偷窃，避免淫秽失节的行为，不做任何使邻人不愉快的事情，而且要尽量为邻人做一切好事①。他们相信，这样的话，不论什么宗教都可以得救。因此，这些人民，虽然又骄傲又贫穷，但对不幸的人们却是温柔慈悲的。

第九节　古犹太戒行派教徒

古犹太戒行派教徒立誓愿：要对人公道；不害人——甚至要忍让屈从；对一切人守信用；憎恨不义；指挥命令时要谦和；永远和真理站在一边；避开一切不法的利益②。

第十节　斯多噶派[6]

古代哲学的各种流派，可以看做是一种宗教③。其中没有一个流派的道义比斯多噶派的道义更有益于人类，更适宜于培育善人了。倘使我有片刻时间可以不想我是一个基督徒的话，我就将情不自禁地把

---

① 《创建东印度公司历次航行辑览》第3卷第1篇第63页。
② 普利多：《犹太人的历史》。
③ 甲乙本作"就是一些宗教"。

芝诺的这一个学派的毁灭列为人类所遭遇的不幸之一。

这个学派做得过火的只是那些含有伟大因素的事情。这种伟大因素就是对快乐和痛苦的轻蔑。

只有这个学派懂得培养公民；只有它培养了伟大的人物；只有它培养了伟大的帝王。

让我们暂时把天启的真理放在一边，而到万物中去寻找，我们将找不到比两个安托尼努斯帝更伟大的人物。甚至茹利安，在他之后，也没有一个君主比他更配做人类的统治者（虽然我极不得已而赞扬了茹利安，但是我并不赞同他的背教）。

斯多噶派虽然把财富、人间的显赫、痛苦、忧伤、快乐都看做是一种空虚的东西，但他们却埋头苦干，为人类谋幸福，履行社会的义务。他们相信有一种精神居住在他们的心中。他们似乎把这种精神看做一个仁慈的神明，看护着人类。

他们为社会而生；他们全都相信，他们命里注定要为社会劳动；他们的酬报就在他们的心里，所以更不至感到这种劳动是一种负担。他们单凭自己的哲学而感到快乐，好像只有别人的幸福能够增加自己的幸福。

第十一节　沉思默想

人类生来就需要保养自己，自谋衣食，并做社会的一切工作，所以宗教不应当给他们一种过度的沉思默想的生活[7]。

伊斯兰教徒养成了沉默思辨的习惯；他们一天祈祷五次，每次都

---

① 佛和老君的教义的弊害就在这里。

要做一件事，就是，把属于尘世的一切，全都置诸脑后。这就使他们习惯于沉默思辨。除此之外，他们对一切事物，又都淡然视之，漫不经心。这种对事物的漠视是由命数不易的教义产生出来的。

如果在此之外，又有其他因素来鼓励他们这种超脱尘世的思想——例如苛政，又如关于土地所有权的法律，给他们一种变幻无常的思想——那么一切就都完了。

从前格柏尔人的宗教①振兴了波斯王国，使它欣欣向荣；这个宗教消弭了专制主义的恶果。但是今天，伊斯兰教却毁灭了波斯帝国。

第十二节　苦行

苦行应该同劳动的思想，不应该同怠惰的思想相结合；应该同良善的思想，不应该同非凡的思想相结合；应该同节俭的思想，不应该同贪婪的思想相结合。

第十三节　无法救赎的罪恶

在西塞罗所引高僧们的著述②中，有一段可以看出罗马时代有一些罪恶是无法救赎的③；佐济穆斯就是用这个情况为根据而创造出他那美好的故事来对君士坦丁信教的动机进行诬蔑；茹利安也是以这个情况为根据，在他所著《诸恺撒传》[8]里，对君士坦丁的皈依基督教

---

① 袄教。——译者
② 《法律》第2卷第22章。
③ "犯了渎圣罪是不能赦免的；能够赦免的罪，司祭要公开赎罪。"

做了尖锐的嘲笑。

　　拜偶像的宗教只禁止几种大罪，只止住人们的手，而不管人们的心，所以就有一些罪恶是无法救赎的。但是如果有一种宗教①，它抑制一切情欲；它不但对行为，而且对欲望和思想，都一样是小心谨慎的；它不是用几条链子，而是用千丝万线系住了我们；它把人类的正义标准放在一边而另立一种正义标准；它的使命是不断引领人们由忏悔达到了仁爱，又由仁爱达到了忏悔；它在裁判者和罪人之间设立一个伟大的中保②；在义人和中保之间设立一个伟大的裁判者③；——这样的一种宗教应该是没有不可救赎的罪恶的。但是，这种宗教把恐惧和希望给予一切人，同时它又让人充分地了解到，虽然没有罪恶在性质上是不可救赎的，但是整个都是罪恶的生命却是不可救赎的；了解到，如果用重新犯罪，重获救赎，去不断④渎扰上帝的怜悯宽恕，那是非常危险的事；了解到，我们因欠天主的旧债从来没有还清，正感焦虑，所以应该害怕再负新债，害怕罪恶贯盈，到了慈父⑤不能再宽恕的程度。

第十四节　宗教怎样影响法律⑥

　　宗教和法律主要的倾向应该是使人成为好公民，所以如果其中有

---

① 指基督教。——译者
② "中保"指耶稣基督。——译者
③ 指上帝。——译者
④ 甲乙本没有"不断"二字。
⑤ "慈父"，指上帝。——译者
⑥ 本节"法律"及本书某些地方原文都用"民法"二字，指的是同宗教相对立的一般凡俗的法律，而不是仅仅指同刑法相对立的民法。——译者

一方背离了这个目标，另一方就更应坚持。宗教的约束越少，法律的约束就应越多。

因此在日本，主要宗教几乎没有任何教义可言，既不讲天堂，也不谈地狱。所以，为弥补宗教的欠缺，就制定苛酷的法律，执法也格外严格。

如果宗教建立起宿命论[9]的教义的话，法律规定的刑罚就应该严厉些，官府的警惕也就要高些，这样可使人类受到这些动因的支配，否则人类将自暴自弃。但是，如果宗教所建立的是自由的教义的话，那是另外一回事了。

精神的懒惰产生了伊斯兰教的定命论；这种定命论又滋生了精神的懒惰。他们说，这是上帝的命令里规定的，所以应该休息休息。在这样的情况下，人们就应该用法律去唤醒那些在宗教的怀抱中昏睡着的人们。

倘使宗教谴责法律所应许可的东西，而法律在另一方面又许可宗教所应谴责的东西的话，那是有危险的。这两种情况通常表明，人们在思想上不了解宗教和民法之间的关系需要和谐与适当。

从成吉思汗治下的鞑靼人[①]看来，把刀子扔进火里、用身靠着鞭子、用缰绳打马、用骨头打碎骨头，就是一种罪恶，甚至是一种大罪。但是食言背信、抢劫财物、伤人杀人，他们都不认为罪恶。一言以蔽之，如果法律把无关痛痒的东西当做必要的东西的话，将会产生一种弊害，那就是把必要的东西当做无关痛痒的东西。

台湾人相信有一种地狱；但是这种地狱是要惩罚那些在某些季节

---

① 参看勃郎嘉宾的记述。1246年，教皇英诺森四世派遣该修士到鞑靼[*]去。

* 到蒙古的和林。——译者

没有赤身裸体的人、那些该穿丝衣时而穿布衣的人、那些寻找牡蛎的人、那些没有先问卜于小鸟的歌唱而采取行动的人①。正因这样,他们反而不把酗酒和荒淫当做罪恶了;他们甚至认为②子女们的放荡堕落是他们的神明所喜欢的。

如果宗教宽恕人们的罪恶是依据偶然的事物而定的话,那么"对于人类,宗教就将白白地失掉它那种最伟大的推动力量。印度人相信,恒河的水有使人圣化的效用③。他们认为死在恒河河畔的人可以免受来世的刑罚,并将居住到极乐的净土。他们从僻远的地方把充满死人骨灰的壶罐带到恒河,扔进水里。一个人生前是否过着道德的生活,是无关紧要的问题。只要死后被扔进恒河就行了。

有了作为报偿的天堂的观念,一定就要有进行惩罚的地狱的观念。如果只有天堂可以希望而没有地狱可以畏惧的话,法律就将失掉它的效力。对那些相信在来世肯定可以得到报偿的人们,立法者是无能为力的。他们过于轻视死亡了。假使一个人确信,官吏所可能给他的最重刑罚结果恰恰④就是他的幸福的开始;法律还有什么方法去约束他呢?

第十五节 法律怎样纠正虚伪的宗教的谬误

由于对古代事物的崇拜,由于愚蒙或迷信,人们有时候建立了

---

① 《创建东印度公司历次航行辑览》第5卷第1篇第192页。
② "认为"原文用现在式;甲本用过去式。
③ 《耶稣会士书简集》第15辑。
④ 甲本没有"恰恰"二字。

有伤贞操的祭礼或典式；世界上这种例子是不少的。亚里士多德说，在这种场合，法律准许父亲代表他的妻和子女到庙里去参加这种典礼①。这是如何美妙的法律啊！它反抗宗教，保存了风俗的纯洁。

奥古斯都禁止青年男女参加任何夜间的祝典，除非有年纪较大的亲戚陪伴②。他恢复了牧园神露白库斯祭日③，但他禁止青年人裸体奔跑。

第十六节　宗教的法规怎样消弭政制的弊害

另一方面，在法律力量微弱的时候，宗教是能够支援国家的。

因此，当一个国家因内战频仍而动荡不安的时候，如果宗教能够使国家有一个角落永远平安无事的话，那它的贡献是很大的。希腊的埃利亚人，作为阿波罗神的祭司，老是过着和平的生活。在日本，美阿果[10]城永远是平静的，因为它是个圣城④。这条规章是由宗教维系的。这个帝国就像是世界上唯一的帝国似的；它没有，而且也不愿意有，来自外国人的任何资源；它在自己国里老是存在着一种战争所不能摧毁的贸易。

有些国家，战争并不是经公众决议后才进行的，法律也没有指出结束或防止战争的方法；宗教则规定了和平或休战的时间，使老百姓得以进行那些国家的生存所必需的工作，例如播种和类似的劳动。

---

① 《政治学》第7卷第17章。
② 苏埃多尼乌斯：《奥古斯都》第31章。
③ 同上。
④ 《创建东印度公司历次航行辑览》第4卷第1篇第127页。

每年有四个月，阿拉伯各部落间一切战争都要停止①。最小的骚乱也是对宗教的轻侮。在过去的法国，每一个领主都可以进行战争或媾和，而宗教则规定在某些季节里必须停战[11]。

第十七节 续前

当一个国家，怨愤的事情很多的时候，宗教就应当提供许多调解的途径。阿拉伯人，这个强盗的民族，常常惯于做损害人和非正义的事情。穆罕默德制定了这样一条法律："如果有人宽恕了弟兄的杀戮行为②的话，他可以控告仇人，要求损害赔偿和利息；但是一个人如果接受赔偿之后又伤害那作恶的人的话，就将在审判的日子③受到酷刑。"④

日耳曼人是承继亲属的仇恨的。但是这些仇恨并不是永世不忘的。给予一定数量的牲口就可以折赎杀人的罪行；全家就都得到了满足。塔西佗说："这是极有用的办法，因为仇恨在一个自由的民族之中是最危险的。"⑤我相信，在他们之间享有极大威信的宗教的祭司们一定参加了这些调解。

马来人还没有建立调解的办法，杀人者必将被死者的亲戚或朋友杀死，所以他就发出无边的狂怒，遇到谁，就伤谁杀谁⑥。

---

① 参看普利多：《穆罕默德传》第64页。
② 即放弃按照报复刑的法律行事。
③ 指死后。——译者
④ 《可兰经》第1卷《论牝牛》章。
⑤ 《日耳曼人的风俗》第21章。
⑥ 《创建东印度公司历次航行辑览》第7卷第303页。又参看浮尔宾伯爵的《回忆录》及其关于马嘉萨尔人的记述。

第十八节　宗教的法律怎样具有凡俗法律的效力

初期的希腊人是一些小部落,常常散居各处,在海洋上当强盗,在陆地上胡作非为,既没有政府,又没有法律。赫库利斯和蒂塞乌斯奇妙的行动反映了这个新生民族当时的情况。宗教除了激起人们对凶杀的恐惧而外,还能做什么呢?宗教告诉人们:一个被用暴力杀死的人首先对凶手是愤怒的,所以将在凶手心里激起忧虑和恐怖,并要凶手把死者生前常到的地方让给死者①。人们又不可触摸这个罪犯,也不可同他说话,以免受到玷污或失掉作证的资格②;应当把凶犯驱逐出城;又应该涤除他的罪污③[12]。

第十九节　一个国家的宗教对人类有利或有害,主要不在教义的真伪,而在适用得当否

最真实、最圣洁的教义,如果不同社会的原则连结在一起的话,可能产生极恶劣的后果;反之,最虚伪的教义,如果同社会的原则发生关系的话,却可能产生美妙的后果。

孔教否认灵魂不死;芝诺的教派也不这样相信。谁能想到呢?这两个教派竟从它们恶劣的原则引申出一些不正确但对社会却是美好的结论。

道教和佛教相信灵魂不死;但是从这条这样神圣的教义却引申出

---

① 柏拉图:《法律》第9卷。
② 参看索福克勒斯的悲剧《奥狄柏王在科隆诺》。
③ 柏拉图:《法律》第9卷。

一些可怕的结论来①。

灵魂不死说，被错误地理解，差不多在世界各方和在一切时代，都曾使妇女、奴隶、国民、朋友等自杀，希望这样可以到另一个世界去为他们所敬爱的人们服役。西印度过去就是如此；丹麦人过去就是如此②；今天的日本③、马嘉萨尔④和地球上一些其他的地方仍然是如此。

这些习惯与其说是直接来自灵魂不死的教义，毋宁说是来自躯体复活的教义。人们从后一教义引申出这样一个结论，就是一个人死后，他的需要、感情和情欲将同生前一样。在这个观点上，灵魂不死的教义对人类产生了巨大的影响，因为单单改换住所的思想总比重新改造的思想，容易为人类所理解，又较为迎合人类的心情。

一种宗教仅仅建立一种教义是不够的；它还要加以引申。关于我们所谈到的教义，基督教在引申方面曾做了极好的工作。它使我们希望着一个未来的国家；这个国家是我们所信仰的。它不是我们已经感觉到或认识到的。一切——甚至连躯体的复活的教义也在内——都领导着我们走向神灵的思想。

---

① 一位中国哲学家是以这样的论据来反对佛教的："在佛教的一本书里说，身体是我们的住宅，灵魂——永生的客人——就居住在里面；但如果我们的父母的身体也不过是一所住宅的话，那当然就要鄙视它像一堆泥土一样。这不就是要从我们心中剥夺掉我们爱父母的美德么？同样，这将使人们忽略对身体的照顾，拒绝给予身体以保养上所需要的同情和爱惜。因此，佛教徒自杀的数以千计。"一个中国哲学家的著作，载杜亚尔德：《中华帝国志》第3卷第52页。
② 参看多马·巴多林：《丹麦古代史》。
③ 《创建东印度公司历次航行辑览》关于日本的记述。
④ 浮尔宾：《回忆录》。

017

第二十节 续前

古波斯人的圣书里说:"如果你要圣化,就要教育你的子女,因为将来他们所做的一切善行都将归功于你。"[1] 这些圣书劝人早婚,因为在审判的日子,子女将成为一座桥,而那些没有子女的人是不许通过的。这些教义是虚假的,但却是很有用的。

第二十一节 轮回

灵魂不死的教义又分为三个支派,就是:纯粹不死说、单纯的住所变更说[13]、轮回说;也就是说:基督徒的说法、西徐亚人的说法、印度人的说法。前两说我刚刚谈过;现在谈末后一说。这个说法有引申得好的,也有引申得不好的,所以在印度产生的影响有好的,也有坏的。这个说法使人对杀戮有一定的嫌忌,所以在印度凶杀是极少的;虽然几乎没有死刑,但是每个人都是安分守己的。

在另一方面,妇女在丈夫死亡的时候,就自焚以殉。所以,受到暴死的痛苦的,仅仅是那些无辜的人了。

第二十二节 如果宗教引起人们对无足轻重的事物的嫌忌是危险的

在印度,由宗教的偏见建立起来的某种荣誉心产生了不同种姓间

---

[1] 海德:《波斯的宗教》*。

* 这是法文译名;原拉丁书名为《撒德耳地方古代波斯人的宗教》。——译者

的互相嫌忌。这种荣誉心是纯粹建立在宗教的基础上的；这些家族上的差别并不形成政治上的差别；有一种印度人自信如果和他们的国王在一起吃饭是有失体面的。

这种差别是和对他人的某种嫌恶联系在一起的；它和由等级的差异而自然产生出来的那种感情是截然不同的；这种感情对于我们欧洲人来说，是含有对低级的人们的爱的。

宗教的法律，除了激起人们对邪恶的轻视而外，是不应该制造他种轻视的，尤其是不应该使人们离弃对人类的爱和怜悯[①]。

伊斯兰教和印度教，各自拥有无数的人民。印度人憎恨伊斯兰教徒，因为他们吃牛；伊斯兰教徒厌恶印度人，因为他们吃猪。

第二十三节　节日

当一个宗教规定人们要在某日停止劳动的时候，它首先要关心的应该是人们的需要，然后才是它所敬奉的神明的尊荣显赫。

在雅典，节日过多是一个大弊病[②]。雅典人是统治者，所以希腊所有的城市都要把纠纷提交他们解决；他们不可能有时间处理事务。

君士坦丁曾规定人们要在星期天停工歇业。但他的这项法令是为城市，而不是为乡村的人民所制定的[③]。他了解到，城市进行的是有用的劳动，而乡村进行的是必要的劳动。

依据同一理由，在以贸易为生的国家，节日的多寡就应当和该项

---

① 甲乙本作"爱和诚敬"。
② 色诺芬：《雅典共和国》第3章第8节。
③ 《法律》3《关于安息日的法典》。这项法律无疑是仅仅为拜偶像的人们制定的。

贸易相适应。由于新教国家和天主教国家的地理位置的关系①，新教国家比天主教国家需要更多的劳动。因此，取消节日比较适宜于新教国家，而不宜于天主教国家。

唐比埃说，各民族的娱乐因气候的差异而大有不同②。炎热的气候出产丰富的甜美果实，那里的野蛮人很容易获得生活上所必需的东西，因此他们用较多时间嬉游玩乐。寒冷地方[14]的印第安人是不很空闲的；他们非不断捕鱼、狩猎不可。因此，他们的舞蹈、音乐和宴会是比较少的。建立在这些人民之间的宗教，在节日的制度上，就应该注意这点。

第二十四节 宗教的地方性的戒律

在各种不同的宗教中，有许多地方性的戒律。孟台苏马很固执地说，西班牙人的宗教对西班牙人的国家是好的，而墨西哥人的宗教对他自己的国家是好的。他所说的并不荒谬背理，因为在事实上，立法者们不可能不关心大自然在他们之先所已经建立起来的东西。

输回说是适应印度的气候而创造出来的。那里，烈日的火焰燃烧着广漠的田野③；人们只能喂养极少的牲口，又在农作上常常有缺乏耕畜之虞；牛的繁殖不多，又常常感染到各种各样的疾病④。所以，宗教以戒律加以保护，这对国家的大政方针来说，是最适切不过的了。

---

① 天主教国家此较靠近南方，新教国家比较靠近北方。
② 《周游世界记》第2卷。
③ 贝尔尼埃：《旅行记》第2卷第137页。
④ 《耶稣会士书简集》第12辑第95页。

当赤日灼照着草原的时候,由于有水源可以利用,稻米和蔬菜却欣欣向荣地生长。所以,宗教的戒律只准许吃这类食物,这对这些气候下的居民是最有益不过的了。

在那里,家畜的肉是没有味道的①。但它们所产的奶和奶油却成为人们部分的食料。所以,在印度,法律禁止吃牛、宰牛,不是没有道理的。

雅典居民稠密;土地又贫瘠。所以,有一条宗教的箴规说,用微小的礼物供奉,比杀牛祭祀,更能荣耀神明②。

第二十五节　一国的宗教输入他国是不方便的

由于上述原因,一个国家的宗教要输入另一个国家,常常是有许多窒碍的③。

德·布兰维利埃说:"阿拉伯的猪应该是很少的。那里几乎没有树林,而且几乎没有适宜于猪的任何饲料;此外,水和食物的盐性使人们很容易患皮肤病。"④禁吃猪这条地方性的法律⑤对某些其他国家不会是好的⑥。在这些国家,猪几乎是普遍的食品,而且多多少少是不可或缺的食品。

---

① 贝尔尼埃:《旅行记》第 2 卷第 137 页。
② 幼里披底的话,载雅乃斯《食事大全》第 2 卷第 40 页。
③ 这里说的不是基督教,因为我们在本章第 1 节末尾已经指出,基督教是人类最高的福泽*。
　* 甲乙本没有这个注。
④ 《穆罕默德传》。
⑤ 甲乙本没有"禁吃猪"三字。
⑥ 例如中国。

021

我在这里有一种见解。桑克托利乌斯曾指出，吃猪肉不易发汗，而且非常妨碍其他食物发汗[①]；他发现发汗减少了三分之一[②]。此外，我们晓得，不发汗会引起皮肤病或加深皮肤病的痛苦。所以在气候容易使人患皮肤病的地方，如巴勒斯坦、阿拉伯、埃及和利比亚等地，是应该禁止吃猪肉的。

第二十六节　续前

沙尔旦说，在波斯，除了帝国边疆的枯耳河[15]外，几乎没有一条可以行船的河流[③]。因此，古时格伯尔人禁止河上航行的法律在他们的国家里并没有任何不便之处，虽然这么一项法律如果是在其他国家的话，一定早已把商业摧毁净尽了。

时常沐浴，在气候炎热的地方，是很普遍的事。因此，穆罕默德的法律和印度的宗教就规定要时常沐浴。在印度，在流水之中向神祷告，是极值得赞扬的行为[④]。但是在他种气候之下，要怎样实行这些事情呢？

如果一种宗教是建立在气候的基础上，而且同他国气候相去悬绝、格格不相入的话，那它就不可能在他国立定脚跟；倘使有人把它传进去的话，也会被赶出来的。从人类的角度看，给基督教和伊斯兰教划分界线的似乎就是气候。

---

① 《静态医学》第3节，格言22。
② 同上书，第3节，格言23。
③ 《波斯旅行记》第2卷。
④ 贝尔尼埃：《旅行记》第2卷。

既然如此，那么一种宗教有一些特殊性的教义同时又有一个一般性的信仰，差不多总是方便的。实行这一信仰的条规不要过于仔细；例如可以一般地劝人修苦行，但不规定修某一种苦行。基督教是充满良知的；节制嗜欲是神的法律；但是节制哪一种特殊的嗜欲则属于政府的法律，所以是可以变更的。

第二十五章　法律和各国宗教的建立及对外政策的关系①

第一节　对宗教的感情

敬神的人和无神论者都时常谈宗教；一个谈他所爱的东西，一个谈他所怕的东西。

第二节　信奉不同宗教的不同动机

世界上各种宗教的信徒所以热心信教的动机并不是一样的，这主要要看各宗教同人类的"思维和感觉的方式"是如何融合的。

我们是极端喜欢偶像崇拜的，但是我们对拜偶像的宗教并不很热心。我们并不怎样喜欢"精神的观念"，但是我们对那些叫我们敬奉一个"精神的存在物"的宗教却是非常热心的。我们十分明智，选择了一种提高神的地位的宗教，而其他宗教却把神放在屈辱低下的地位。这使我们感到满足，这种满足多少②产生了一种快乐、幸福的情绪。

---

① 甲乙本的标题没有"各国"二字。
② 甲乙本没有"多少"二字。

我们把拜偶像看做是粗野民族的宗教；把信奉一个"精神的存在物"的宗教看做是文明民族的宗教。

一种"最高无上的精神的存在物"的思想构成了我们的教义；我们又能够把这种思想同进入这种信仰的一些可以感触到的思想连结起来，这使我们极热心信奉这种宗教，因为我们上述的动机和我们对于可以感触到的事物的自然爱好相连结了起来的缘故。天主教徒的信仰比新教徒的信仰较为属于这类性质，所以天主教徒比新教徒更坚决地信奉自己的宗教，更热心地加以传播[1]。

当以弗所的人民听说主教会议的神父们已经决定，可以称圣贞女为"上帝的母亲"[2]16的时候，他们欣喜若狂；他们吻主教们的手，抱主教们的膝，各处响起了喝彩的声音[3]。

如果一种明智的宗教又给我们一种思想，就是：信徒是神的选民，而且信者与不信者之间大有区别的思想，那么我们就极热心地信奉这种宗教。伊斯兰教徒如果不是在他们的一边有拜偶像的民族使他们想象自己是"独一无二的上帝"的捍卫者，在另一边又有基督徒使他们相信自己是上帝的选民的话，他们就不可能成为那么好的伊斯兰教徒。

一种礼拜仪式多的宗教比礼拜仪式少的宗教更能使人们热心信奉[4]。人们对经常不断操作的事情总是依恋不舍的。伊斯兰教徒和犹太人的顽固拘执以及半野蛮和野蛮民族对宗教信仰的变幻无常，就是

---

[1] 甲乙本把"更热心……"句放在脚注里。
[2] "圣贞女"是耶稣的母亲马利亚，一般已经译为"圣母"了。——译者
[3] 圣席里尔：《书翰》。
[4] 这和我在上章末节所说的并没有冲突。我这里谈的是热心宗教的动机；而上章末节所说的是如何使宗教更带有普通性。

明证①。后者总是忙于狩猎或战争，几乎没有什么宗教仪式可言。

人类是非常富于希望与恐惧的感情的，所以一种没有地狱也没有天堂的宗教几乎是不能使他们高兴的。在日本，外国的宗教②很容易建立起来，并受到人们虔诚的崇奉和热爱，这就是明证。

宗教应该崇尚纯洁的道德，才能使人们热诚信奉。人类中固然有几个骗子，但绝大多数是极诚实的。他们热爱道德。假使我不是在讨论极严肃的一个问题的话，我就可以说，这在戏剧里是看得很清楚的；那里，道德所赞同的感情一定使人们喜欢，道德所摈斥的感情一定引起人们的愤慨。

如果宗教的外表是非常冠冕堂皇的话，这将使我们感到愉悦，并使我们极热心地信奉它。庙宇的华丽和僧侣的富裕对我们有很大的影响。因此，甚至人们的贫困也成为他们热心宗教的动机；这使造成人民贫困的人们却用宗教来作为借口。

第三节　庙宇

差不多所有文明的民族都居住房屋。由此自然地产生了给上帝盖一所房子的思想；在这所房子里，人们可以敬拜上帝，可以在恐惧或希望之中去寻找他。

事实上，对人类来说，有一个地方可以更接近神，可以大家在一

---

① 这在全世界各处都可以看到。参阅《近东的宣道事业》关于土耳其人、《创建东印度公司历次航行辑览》第3卷第1篇第201页关于巴达维亚的牟尔人和拉巴神父所著《亚美利加诸岛旅行记》关于信伊斯兰教的黑人的记载等等。
② 基督教和印度的宗教。它们都有天堂地狱，而神道教*就没有这些东西。
*　日本的宗教。——译者

起倾诉自己的弱点和苦痛,是最能得到安慰的。

但是这么自然的一种思想只能产生在耕种土地的民族;自己没有房子居住的民族是不会建筑庙宇的。

由于这个原因,成吉思汗对伊斯兰教的寺院表示了极大的轻蔑[1]。这位君主讯问了伊斯兰教徒;他同意了他们的一切教义,只是不能赞成必须参拜麦加这一点;他不能了解为什么不能在任何地方敬拜上帝[2]。由于鞑靼不居住房屋,所以是不能够了解庙宇的。

没有庙宇的民族对自己的宗教就不那么依恋不舍。这说明了为什么鞑靼人对于异教总是那样宽大、容忍[3];为什么征服了罗马帝国的那些半野蛮民族毫不迟疑地就皈依了基督教;为什么美洲的野蛮人对自己的宗教不十分依恋;为什么在我们的传教士在巴拉圭给他们盖些教堂之后,他们就极热心地信奉了我们的宗教。

神是不幸的人们的避难所,而且,没有人比罪犯更为不幸;所以人们很自然地就想庙宇是罪犯的避难所;这种思想对希腊人更显得自然,因为在希腊,凶手是要被赶出城市、驱逐出人群的,所以他们,除了庙宇之外就好像没有住所,除了神明之外就好像没有其他保护者了。

起初,仅仅是非故意杀人犯才可以在庙宇避难;但是后来连大罪犯也在那里避难了,因此产生了一个大矛盾,就是:这些人既然得罪人类,那他们一定更得罪神明了。

在希腊,这种避难所日渐增多。塔西佗说,庙宇里充满了破产的

---

[1] 他进入布喀剌的清真寺,拿出《可兰经》,扔给他的马踩踏。《鞑靼史》第3篇第273页。
[2] 同上书,第342页。
[3] 日本人溯源自鞑靼人,这点是容易证明的。所以这种精神倾向,也传到日本去。

债务人和作恶的奴隶；官吏感到施政困难；人民保护人类的犯罪就像保护神明的礼仪一样；元老院不得不大大地削减避难所的数目[①]。

摩西的法律是很明智的。非故意杀人犯是没有罪的；但是必须使他们不被死者的亲属看见，因此摩西为他们规定了一个避难所[②]。大罪犯是没有资格避难的，所以他们没有避难所[③]。犹太人只有一种可以携带的圣幕作神堂，地点是不断迁移的；它不可能产生避难所的思想。他们后来有了一座神殿，这是事实，但是来自各方的罪犯将要搅扰神圣的礼拜仪式。如果像希腊人一样把杀人犯驱逐出国的话，又怕他们将要信奉外国的神明。所有这些考虑就使他们建造了一些避难城，罪犯要在里面居住直到祭司长死亡为止。

第四节　教僧

保尔菲列说，上古的人只用菜蔬作祭献。祭礼这样简单，每个人都可以在自己家里当祭司。

要取悦于神明的自然愿望，使祭典繁杂了起来。这就使从事耕种的人们没有力量举行全部的祭典，并履行各种细节。

人们把特殊的场所奉献给神明；这就不能不设教僧看管这些地方，像每个公民看管自己的房屋和家务一样。因此，凡是没有教僧的民族通常都是野蛮的民族。从前的柏达利安人[④]就是如此；今天的窝尔古

---

① 《史记》第3卷第60章。
② 《旧约圣书：民数记》第35章第14节。
③ 同上书，第16节等。
④ 《利利乌斯·基拉尔都斯》第723页。

斯基人①仍然是如此。

献身为神明工作的人应该受到尊敬，尤其是在某些民族里，人们抱有一种观念，认为接近神明最喜欢的场所并主持特殊祭典的人必须是人身纯洁的。

崇拜神明，必须经常举行；这使大多数民族把僧侣看作是一个独立的阶层。因此，埃及人、犹太人和波斯人②使某一些家族献身给神明，由它们奉事神明，永世不绝。甚至有些宗教，不只要僧侣脱离世务，而且要他们不受家庭的烦扰；这就是基督教戒律的主要部分的实践[17]。

我在这里不识独身戒律所产生的后果。但是人们可以看到，僧侣过多的时候，这条戒律就是有害的；而且结果，俗人将要太少了。

根据人类智能的本性，我们对宗教总是喜爱一切要费力气的东西；就像对道德那样，我们在思辨上总是喜爱一切带有严厉性格的东西。一些看来最不适宜于独身主义并最可能由独身主义得到不良后果的民族，却是一向喜欢独身主义的。在南欧各国，由于气候的关系，独身的戒律是比较不易遵守的，但是它们却保存了这条戒律；在北欧各国，情欲并不那样活跃，但是它们却排除了这条戒律。不仅如此，人口少的国家，反而采用独身的戒律；在人口多的国家，这条戒律却受到拒绝。我们知道，上面这些意见仅仅是从独身的人过多的情况去考虑的，同独身生活本身是没有关系的。

---

① 西伯利亚的一个民族。参看《北方航行辑览》第3卷内爱维拉尔德·伊斯伯兰兹伊德斯的《游记》。
② 参看海德：《波斯的宗教》。

第五节　法律对僧侣团体的财富所应加上的限制

私人的家庭是能够灭亡的，因此它的财产并没有一个永恒不变的继承者。僧侣团体却是一个不能够灭亡的家庭；因此它的财产永远附属于它，而且不能够外流。

私人的家庭能够增大；因此它的财产也就应该增多。僧侣团体却是一个不应该增大的家庭，所以它的财产就应该受到限制。

我们保存了《圣经》里《利未记》关于僧侣财产的法律；但没有保存那些关于限制这些财产的法律。诚然，我们总是不知道我们的任何一个宗教团体要到什么限度才不得再取得财产。

僧侣这样无止境地获取财产，从人们看来是极不合理的，所以凡是要为它辩护的人就要被目为愚妄。

民法要革除积弊的话，有时候是会碰到一些障碍的，因为积弊是同法律应尊重的事物连系在一起的。在这种场合，采取一种间接的办法，要比使用直接打击的办法，更能体现立法者的聪明智慧。法律不要禁止僧侣取得财产，而要想法子使僧侣对这些财产感到厌烦；在权利上不动它，而在事实上取消它。

欧洲有些国家，由于尊重贵族的权利，而设立一种有利于他们的税，即对人们作为"永远管业"①取得的不动产征收补偿税，在同一场合，君主为着自己的利益也强索到一种永远管业税。在加斯提，因为没有这种税，僧侣们就把什么都侵占了去；在阿拉贡，因为有某种永远管业税，所以僧侣们占取的东西少些；在法国，永远营业税和补偿税都

---

① 指归法人所有后不得变卖的财产，例如宗教团体的土地等财产。——译者

已设立，所以占取就更少了；我们可以说，这个国家的繁荣，有一部分是因为这两种税的实施。如果可能的话，我们应该增加这些税，并停止永远管业[18]。

应该把僧侣古时的必要的财产当做是神圣不可侵犯的；要让这些财产同僧侣团体一样是固定的，并具有永久性；但是应该让他们放弃手中新取得的财产。

当规章成为一种流弊的时候，应当准许人们违背规章；当流弊成为规章的一部分的时候，应当容许流弊。

我们总还记得，当人们在罗马同僧侣团体发生某些纠纷时，曾有人递送一份备忘录，上面写道："不管《旧约圣经》说什么，僧侣应该负担国家的费用。"那时人们从这段话所得到的结论是，这个备忘录的作者对税吏的语言比对宗教的语言更为熟悉。

第六节　修道院

最没有常识的人也能够看到，这些永远存在的宗教团体不应该以收取"终身"年利[19]为条件出卖自己的地产、财产，也不应该以"终身"年利为条件进行借款①。假使没有这种限制的话，宗教团体就将把一切没有亲属或不愿有任何亲属的人们的财产全部"继承"了去；僧侣们本来已是玩弄人民，但如果这样，他们就无异又开了银行，利用利息关系来为害人民了。

---

① 宗教团体既是永远存在的，这类"终身"的民事关系将成为永无尽期的关系，没有消灭的日子，所以是不妥当的。——译者

第七节　迷信上的奢侈

柏拉图说："凡是否认神明的存在；或是相信神明的存在，但主张神明不干与人间的事务；或是认为可以很容易用祭祀去安抚神明；都是对神明的侮辱。这三种意见是一样有害的。"[1] 依据"自然理智"[2] 所可能说出的关于宗教的话，柏拉图全都已经说出了。

礼拜外表的堂皇华丽同国家的政制有很大的关系。在善良的共和国里，人们不但抑制出自虚荣的奢侈，就是迷信上的奢华也在抑制之列。关于宗教，人们制定了节俭的法律，梭伦的几项法律；柏拉图的几项关于丧葬并为西塞罗所采用的法律；又努玛的一些关于祭祀的法律[3]；都是例子。

西塞罗说，"鸟和一天里绘成的画就是极神圣的祭品"。

有一个斯巴达人[20]说："我们供献普通的东西，这样我们就能够天天都有法子荣耀神明了。"

人类应该小心翼翼地尊敬神明，这和崇拜仪式的堂皇华丽，是极其不同的两桩事。我们是不应该把金银宝贝献给神明的，除非我们有意要让神明看看我们是如何尊重他所要我们轻蔑的东西。

柏拉图说得真好："一个好人如果接受一个奸人的礼物将感到羞惭；那么神明对不敬神的人们的祭品应当如何想法呢？"[4]

宗教不应当以献祭为借口而把国家由于必要的考虑留给老百姓的

---

[1] 《法律》第10卷。
[2] 注释见本书上册第10章第3节译者注。——译者
[3] "不要在火葬的木堆上洒酒。"《十二铜表法》。
[4] 《法律》第4卷。

东西勒索了去；柏拉图说，纯洁、虔诚的人应该供献和他们相似的祭品，即纯洁、虔诚的祭品。

宗教也不应当鼓励丧葬的浪费。在死亡的事情上，在死亡的时候，不论财富多寡，全都是一样的；在这种场合，把贫富的差别取消掉，还有比这更合乎自然的么？

第八节 宗教的首长

宗教有许多僧侣，自然应该有一个首长，应该设立最高教长的职位。在君主国里，国家的各阶层是不能够分得那么清楚的，而且一切权力又不应该集中在一个首领的身上，所以把教长的职位同国家分开是恰当的。在专制的国家里，就没有这种必要，因为这种国家的性质就是把一切权力由一个元首独揽。但是这种情况可能使君主把宗教当做是他的法律本身、是他的意志的产物。为防止这种弊病，宗教就应该有自己的经典，例如确定教义、建立宗教的圣书之类。波斯王同时就是宗教的首长；但是规定宗教的是《可兰经》。中国的皇帝同时就是教皇，但是有一些经书，是人人手中都有的，是皇帝自己也要遵守的。有一个皇帝企图废除它们，但是徒劳无功；它们战胜了暴政。

第九节 宗教自由

我们在这里是政论家而不是神学家；就是对神学家来说，容忍一种宗教和赞同一种宗教，二者之间也是大有区别的。

如果一国的法律认为应该容忍好几种宗教的话，那么法律也就必须要求这些宗教彼此互相容忍。一切受到压制的宗教,自己必将成为压制异教的宗教。这是一条原则。因为当一种宗教侥幸而脱离了压迫的时候,它就要立即攻击曾经压迫它的宗教——不是作为宗教,而是作为暴政来攻击。

因此,法律如果要求这些不同的宗教不仅不要搅扰国家,而且也不要互相搅扰的话,这总是有好处的。一个公民仅仅不搅扰国家本身,并不是已经满足了法律的要求,他而且必须不搅扰任何其他公民。

第十节 续前

除了不能容忍异教的宗教而外,几乎没有其他宗教有那么大的热诚到外地去设教。——因为一种能够容忍异教的宗教差不多是不想播教的。因此,如果一个国家对本国已经建立的宗教感到满意的话,它就不要容许其他宗教进来设教①;这将是一条极好的民法。

那么,关于宗教的政治性法律的基本原则应该是:如果一个国家有自由接受或拒绝一种新的宗教的话,它就应该拒绝它在国内设教;如果它已经在国内设教的话,就应该容忍它。

第十一节 宗教的变更

一个君主如果企图摧毁或变更国内占有支配地位的宗教的话,他

---

① 我在这节里谈的不是基督教,因为我在别的地方已经指出,基督教是人类最高的福泽。参看前章第1节末尾和《为〈论法的精神〉一书辩护》第2篇*。

* 这个注是1758年的版本加上的。

就将使自己处于极危险的境地。如果他的国家是专制政体的话，他就要比任何形式的暴政国家，冒更大的险，激起革命。革命在这类国家里并不是罕有的事。这种革命之所以发生，是因为一个国家不可能在瞬息之间把宗教、风俗、习惯都改变了，也不可能像君主颁发建立新教的法令那样快，立即就把这些东西都改变了。

此外，旧的宗教和国家的政制是连系在一起的；新的宗教就没有这种连系。旧的宗教和气候是相适应的；新的宗教则常常是和气候格格不相入的。不仅如此，新教将使国民厌恶本国的法律，并轻视已建立的政府；国民对新旧两种宗教的猜疑将代替他们原来那样对一种宗教的坚定信仰。一言以蔽之，这种情况，至少有一个时期，将给国家制造坏国民和坏信徒。

第十二节　刑法

对于宗教，应避免使用刑法。刑法让人们畏惧，这是真的。但是宗教也有引起人们畏惧的刑法，因此，一种畏惧就被另一种畏惧消灭掉。居于这两种不同的畏惧之间，人们的心灵就变得残酷了。

宗教的恐吓是那样厉害；宗教的应诺又是那样丰饶，所以当这些恐吓和应诺进入我们的脑子的时候，——且不论官吏用什么法子要使我们脱离宗教——如果他们不许我们信教的话，我们就像一切都被剥夺光了；如果他们准许我们信教的话，我们就像一切都保住了。

因此，不是催迫人们走向那最严重的时刻[①]，使人们的思想充满

---

① 指为宗教牺牲性命的时刻。——译者

这个伟大的目标①，就能够让人们脱离宗教。攻击宗教的一个更有成功把握的方法，是通过恩惠，通过生活上的便利，通过获致好运的希望；不是通过提醒人们，而是要使人们忘却；当他种感情冲击着人们的心思而宗教所激励的感情反而趋于沉寂的时候，不是要去激发人们，而是要使人们对此漠不关心。总的规律是：要变更宗教的话，诱导比刑罚更为有力。

人类思想的性格甚至表现在所施刑罚的体系上。让我们回忆一下日本的迫害②吧！③它所使用的是残酷的刑罚，而不是长期的刑罚。这使人们触目惊心。长期的刑罚给人厌倦多于恐怖；正因为它表面上易于忍受，所以反而是更难忍受的。

一言以蔽之，历史已充分地告诉我们，刑法除了破坏而外是没有其他效果的。

第十三节[21]　奉告西班牙、葡萄牙宗教法庭的法官们

一个十八岁的犹太女子，在里斯本宗教法庭举行的最后一次裁判宣告式时，被处火刑。下面所引的这本小册子就是为这件事写的。我认为，在一切著述中，就是这本小册子最属徒劳无益的了。这么显而易见的事，如果还需要加以证明的话，那么对方不能接受任何说理，是可以肯定的。

著者宣称，他虽然是一个犹太人，但是他尊重基督教；他十分爱它，

---

① 指为宗教殉难。——译者
② 指对耶稣教所进行的迫害。——译者
③ 参看《创建东印度公司历次航行辑览》第5卷第1篇第192页。

所以他企图使不信基督教的君主们找不到一个美好的借口来迫害它。

著者告诉宗教法庭的法官们说：

"你们抱怨日本的皇帝让人们把他统治地区的一切基督徒都用火慢慢地烧死。但是日本的皇帝将回答你们说，我们对待信仰和我们不同的你们，就像你们对待信仰和你们不同的人们一样。你们只能够抱怨你们自己的弱点。这个弱点阻碍着你们，使你们不能够消灭我们，却使我们消灭你们。

"但是应当承认，你们比日本的皇帝要残酷得多。你们把我们处死，因为我们仅仅信仰你们所信仰的东西，而不信仰你们所信仰的一切。我们所信仰的宗教，你们自己也知道，从前是上帝心爱的宗教。我们认为上帝仍然爱这种宗教，而你们认为上帝已经不再爱它了。你们的看法这样，所以对那些抱有很可原谅的错误，相信上帝仍然喜爱他曾经喜爱过的宗教的人们，你们使他们遭受刀与火的刑戮①。

"如果你们对我们是残酷的话，那么你们对我们的子女就要更加残酷了。你们将把他们烧死，因为他们依从某一些人所给予他们的灵感。这些人是自然法和一切民族的法律教导他们要视若神明的人。

"从伊斯兰教徒建立他们的宗教的方法来说，你们是胜他们一筹的，但是你们却自己抛弃了这个你们比伊斯兰教徒优越的地方。当伊斯兰教徒自夸信徒众多的时候，你们就告诉他们说，他们是依靠暴力获取信徒，依靠刀剑扩展宗教的；那么你们为什么用火刑来建立你们的宗教呢？

---

① 犹太人的盲目昏聩的根源就在这里：他们看不见，福音的道理*是属于上帝计划的体系，所以就是上帝的不可变性本身的延续。

* 指耶稣所传的道理，犹太人不相信耶稣是"基督"（救世主）。——译者

"你们要我们归依你们,但是你们的光荣显赫的来源却是我们所反对的。你回答我们说,虽然你们的宗教是新的,但却是神圣的。你们的证据是,你们的宗教是在异教徒的迫害中成长起来的,是用殉道者们的鲜血灌溉成长起来的。但是今天,你们扮演的却是戴克里先分子的角色,而让我们代替你们的地位。

"我们,不用你们和我们共同奉事的万能的上帝的名字,而是用你们告诉我们的,那个下凡做人,使自己成为你们学习榜样的基督的名字,来恳求你们;我们恳求你们按照他在世上将怎样对待我们那样,来对待我们。你要我们成为基督徒,而你们自己却不愿成为基督徒。

"但是如果你们不愿意做基督徒的话,你们至少也应该做'人'。如果你们没有宗教来引导你们,也没有神的启示来教化你们,而只有大自然所赐予的微弱的正义感的话,那就请你们照这样随意对待我们吧!

"如果上天很爱你们,使你们能够看到真理的话,那它就已经给你们一种很大的恩惠;但是那些接受了父亲遗产的子女就应该憎恨那些没有得到遗产的子女么?①

"如果你们果真得到了这种真理的话,就请不要像你们向我们宣传它的时候那样,结果只是把真理向我们隐藏了起来。真理的性格在于它能够制服人们的心和精神,而不是像你们所了解的那样软弱无能,需要用酷刑来强迫我们接受它。

"如果你们是有理性的话,你们就不应该因为我们不愿欺骗你们而把我们处死。如果你们的基督是上帝的儿子的话,我们希望他将因为我们不愿意亵渎他奥妙的道理而给我们酬报。我们相信,你们和

---

① 这意思是说,得到了上帝特殊恩惠因而能够认识到基督教的真理的人是没有理由憎恨没有得到这种恩惠的人的。——译者

我们所共同奉事的上帝,不会因为我们为这一种宗教死而责罚我们——这种宗教是他从前给予我们的;我们的死,是因为我们相信他仍然把这种宗教给予我们。

"你们生活在一个时代:大自然的光辉比过去任何时候都要明亮;哲学启发了人类的心思;你们的福音的道理已更为世人所周知;人类在彼此的关系上所享有的各自的权利,和各种信仰在彼此的关系上所享有的各自的支配范围,已更明确地建立了起来。因此,如果你们不摆脱旧时的偏见,而这种偏见一不留神就要成为你们的感情,那就应当晓得,你们已是不可救药的人了,你们是完全没有能力启发人和教导人的;一个国家把威权交给你们这样的人,是非常不幸的。

"你们愿意我们坦白地把我们的想法告诉你们么?与其说你们把我们当做你们的宗教的敌人,毋宁说是当做你们的私敌;因为你们如果真是爱你们的宗教的话,你们就不能任凭它受到一种粗野无知的事情的破坏。

"我们必须警告你们一件事,就是:倘使将来有人敢说,在我们所处的时代,欧洲的人民是文明的话,人们将要引你们为例,求证明他们是半野蛮的。人们对于你们的看法将使你们的时代受到羞辱,并将使人们憎恨和你们同时代的一切人。"

第十四节 为什么基督教那样为日本所厌恶

我已经谈过日本人性格的残酷[①]。基督教鼓励人们要坚定不放弃

---

① 本书第6章第13节。

信仰。日本的官吏认为这种坚定是很危险的，因为他们相信，它增加了人们的胆量。日本的法律，对最微小的违抗也处以严刑，它要人们舍弃基督教；人们不肯舍弃，这就是违抗；因此就惩罚了这种犯罪。继续违抗，则继续加以惩罚。

日本人把刑罚看做是对侮辱君主的行为进行报复。我们的殉道者们所唱的得胜歌就像是对君主的侮辱。殉道者这个名义使官吏们愤怒①。在他们的脑子里，这个名义就是"造反"的意思。他们千方百计阻止人们取得这个名义。结果，人心愤激；人们看到，判刑的法庭和受刑的被告之间，凡俗法律和宗教法律之间，展开了一场可怖的战斗。

第十五节　宗教的传布

除了伊斯兰教徒而外，东方一切民族都认为，一切宗教本身都是一样的，没有差别的。他们害怕建立另一种宗教，也就仅仅像害怕政府的更易一样。日本人有好些教派；在悠久的期间里，国家就是宗教的首长；但他们从未因宗教而发生纠纷②。暹罗人也是一样③。卡尔马克人④更是如此⑤；他们把容忍一切宗教当做是良心的一种表现。在加利固特²²，人们把"一切宗教都是好的"立为国训⑥。

---

① 1758年版作"畏惧"。
② 康波弗尔：《日本史》。
③ 浮尔宾：《回忆录》。
④ 蒙古族的一个"部"，中国称"准噶尔"。——译者
⑤ 《鞑靼史》第5篇。
⑥ 比拉尔：《旅行记》第27章。

但这并不是说，一种从很遥远地区传来的宗教，和当地的气候、法律、风俗、习惯完全不同，也将得到它的神圣尊严性格所应给予它的一切成功。这在一个强大的专制国家[1]里更是如此。那里的人首先是容忍外国人的，因为那些看来不会损害君主权力的东西并不引起他们的注意。他们对于一切事物是极端愚昧的。一个欧洲人可以用他所得到的某些知识使他们欢迎他。这在开始的时候是好的。但是，当他得到了一些成功的时候，纠纷发生了，有些利益关系的人们也知所警惕了；由于这种国家在性质上特别需要安宁，最微小的纷扰就有可能把它推翻掉；所以，他们立即禁止这种新来的宗教以及宣传它的人。宣教士自己之间也发生了纠纷；当地的人就开始厌恶这种宗教，因为关于它，连宣传的人自己意见也不一致[2][23]。

---

[1] 指中国。——译者
[2] 这段谈的主要是明末清初基督教传入中国的情形；末了几句指的是清初宣教士们对天主教适用于中国时所发生的一些宗教问题的争论。——译者

第二十六章 法律和它所规定的事物秩序的关系

第一节 本章主旨

人类受到种种法律的支配。有自然法；有神为法，也就是宗教的法律；有教会法，也叫做寺院法，是教会的行政法规；有国际法，可以看做是世界的民法①；——在这意义上每个国家就好比是一个公民；有一般的政治法，表现人类创建了一切社会的智慧；有特殊的政治法，关系每个特殊的社会；有征服法，是建立在一个民族想要、能够或应该以暴力对待另一个民族这种事实上面；有每一个社会的民法，根据这种法律，一个公民可以保卫他的财产和生命，使不受任何其他公民的侵害；末了，有家法，这是因为社会分为许多家庭，需要特殊的管理。

因此，法律有各种不同的体系。人类理性所以伟大崇高，在于它能够很好地认识到法律所要规定的事物应该和哪一个体系发生主要的关系，而不致搅乱了那些应该支配人类的原则。

---

① 本章所谓民法常指一般的人为法，不是今天专指同刑法对立的民事法规。——译者

第二节 神为法和人为法

应该由人为法规定的东西就不应该由神为法规定;应该由神为法规定的东西也不应该由人为法规定。

这两种法律的渊源、目的和性质是不同的[24]。

任何人都同意,人为的法律在性质上同宗教的法律是不一样的。这是一条重要的原则;但是这条原则是受到其他一些原则的支配的。我们对这些原则应该加以研究。

(1) 人为法的性质是受到所发生的一切偶然事件的支配的,而且是随着人类意志的转移而变更的。反之,宗教法律的性质是永远不会改变的。人为法的制定为的是"好";宗教为的是"最好"。"好"可能另有一种目的,因为"好"是有许多种类的;但是"最好"则只有一种,所以是不能改变的。人们很可以变更法律,因为它们只要人们认为"好"就成了。但是宗教的制度却是人们永远认为"最好"的。

(2) 有些国家,法律等于零,或是说,仅仅是君主反复无常的一时的意欲而已。如果这些国家的宗教的法律也和人为的法律同一性质的话,那么这些宗教的法律也就一样是等于零了。但是,一个社会总须要有某些固定的东西;宗教就是这种固定的东西。

(3) 宗教的主要[①]力量来自人们对它的信仰;人为法的力量来自人们对它的畏惧。"远古"的东西适宜于宗教,因为越辽远的事物,我们常常越是相信;因为关于这些时代,我们没有其他的知识可以加以反驳。反之,人为法的优点,在于它的新鲜性;这就是说,立法者

[①] 甲乙本没有"主要"二字。

目前就特别注意要人们遵从它。

第三节　民法和自然法的抵触

柏拉图说："如果一个奴隶因自卫而杀死一个自由人的话，应按杀亲罪论处。"[1]① 这就是惩罚大自然所规定的自卫行为的民法②。

亨利八世时的法律，判罪不必有证人对证，这是违反大自然所赋予的自卫权利的。实际上；要判罪，证人就必须确知他的证言里所说的人就是被告本人，而且被告必须有自由指出："你所供的人并不是我。"

亨利八世时又通过一项法律，规定任何女子和人通奸，如果和该人结婚前没有把这事向国王宣告的话，须予判罪。这是违反大自然所赋予的保卫贞操的权利的。而且，强迫一个女子作这种宣告是不合理的；这就如同要求一个人放弃保卫自己的生命一样不合理。

亨利二世时的法律规定，一个处女怀孕没有报告官府，其后所生婴儿又死亡的话，判处死刑。这也同样是违背大自然所赋予的自卫权利的。实际上，法律只要规定她必须告诉她最近的一个亲属，由后者监督、保存婴儿，这就够了。

在大自然所赋予的贞操受到这种痛楚的时候，她还能再告诉人什么呢？教育增加了她保卫贞操的观念；在这种时刻，她除了抛弃生命的思想而外，几乎是没有其他思想了③。

---

① 《法律》第 9 卷。
② "民法"的意义见本书本章第 1 节译者注。——译者
③ 甲乙本没有这段；它是为回答格罗理的评论插入的。

英国有一项法律，人们曾谈论得很多。这项法律准许七岁的女孩子选择丈夫①。这项法律有两点使人憎厌。一来，它不顾大自然所规定的理智的成熟期；二来，它不顾大自然所规定的身体的成熟期。

罗马时代，一个父亲可以强迫他的女儿离弃她的丈夫，虽然他曾经同意过这个婚姻②。但离婚由一个第三人去决定，这是违背人性的。

离婚只有双方同意，或至少一方同意，才合乎人性；如果哪一方都不同意的话，这种离婚就好像是妖孽，极为可恨。总之，离婚的权力只得授与那些受到婚姻的苦恼，并且知道结束这些苦恼对自己有利的时机已经到来的人们。

第四节　续前

勃艮第王贡德鲍规定，盗窃者的妻或子，如果不揭发这个盗窃罪行[25]，就降为奴隶③。这项法律是违反人性的。妻子怎能告发她的丈夫呢？儿子怎能告发他的父亲呢？为了要对一种罪恶的行为进行报复，法律竟规定出一种更为罪恶的行为④。

列赛逊突斯的法律准许与人通奸的妻子的子女或是她的丈夫的子女控告她，并对家中的奴隶进行拷问⑤。这真是一项罪恶的法律。它为了保存风纪，反而破坏人性，而人性却是风纪的泉源。

在我们的戏剧里，我们看到了一个年轻英雄而感到愉快。当发

---
① 贝耳：《评喀尔文教史》第293页谈到这项法律。
② 参看《法律》5，载《法典：关于婚姻的解除和取消有关风纪的裁判》。
③ 《勃艮第法》第47篇。
④ 甲乙本把这段放在第3节。段末用语稍异，但意思相同。
⑤ 《西哥特法》第3卷第4篇第13节。

现了他的岳母过去的丑行的时候，他对这个发现感到非常嫌恶，就好像嫌恶这种罪恶本身一样。他在惊骇之中，虽然受到控告、审问、判罪、放逐、诋毁，但是他对生非德耳的那种可憎恨的血缘关系，几乎是连想也不敢想的。他抛弃他最心爱的东西、最柔媚的东西、一切和他的心灵最亲密的东西、一切激怒他的东西，把自己交给神明，以便由神明惩罚他的罪戾；实际上他是不应该受到惩罚的[26]。这里我们听到了大自然的声音；就是它使我们感到愉快；它是一切声音中最甜蜜美妙的。

第五节　什么情况下可以依据民法的原则裁判而对自然法加以限制

雅典有一项法律，规定子女有扶养穷苦父亲的义务①。但是 1. 娼妓所生的②，2. 因父亲让操淫业致失贞节的和 3. 父亲没有授与任何谋生技艺的这几种子女，不在此限③。

法律认为：第一种情况，父亲是谁并不确定；天然的义务也就不能确定。第二种情况，父亲污辱了他所给予的生命；父亲对子女做了最大的坏事，即剥夺了他们的荣誉[27]。第三种情况，他让他们生活贫苦，充满困难④。法律已经把父子只当做两个公民看待了。只是从政治的和民事的观点来决定他们的关系了。法律认为，一个良好的共和国尤

---

① 违者丧失公权；另一法，违者下狱。
② 普卢塔克：《梭伦传》。
③ 普卢塔克：《梭伦传》；伽利耶诺司：《劝言篇：关于技艺》第8章。
④ 甲本作："……生活贫苦，没法维持。法律停止了子女的天然义务，因为父亲曾经违背他的天然义务。法律已经把父子……"

其需要风纪。

第一种情况，大自然没有让儿子知道谁是他的父亲；第二种情况，大自然甚至好像是命令儿子不要承认他的父亲。我认为，不论是第一种情况或是第二种情况，梭伦的法律规定得都是很好的。但是，我们却难于赞同第三种情况的规定；这里，父亲仅仅违背了人为法①。

第六节　继承的顺序应以政治法或民法的原则而不应以自然法的原则为依据

《窝可尼安法》不许立妇女为承嗣；即使是独生女也是如此。圣奥古斯丁说，从来没有法律比这更不公平的了②。马尔库尔富斯的一条法式认为，不许女子继承父亲财产的习惯是对神的不虔敬③。查士丁尼把规定男性继承而排斥女子的法律，称为野蛮的法律④。这些思想的根源是，人们把继承父业的权利看做是由自然法推演出来的；实际上并不如此。

自然法规定，父亲要养育子女；但它并不强制他们立承嗣。财产的分授、同分授有关的法律、分授人死后的继承，这一切都只能由社会规定，所以只能由政治或民事的法律规定。

政治或民事的法规常常要求子女继承父产，这是真的；但并不老是这样的。

---

① 甲本没有末了这一句；它是乙本的勘误表内加入的。
② 《神的国》第3卷。
③ 《法式书》第2卷第12章。
④ 《新法》第21篇。

我们关于采地的法律，规定由长男或最近亲属中的男性所有一切，而女性则一无所有；这也许是有它的理由的。但伦巴底人的法律则只由姊妹、私生子及其他亲属继承财产；在没有这些人的时候，则由国库和女儿分有遗产①。

中国曾有几个朝代规定由皇帝的兄弟继承大统，而不由他的子女继承。如果要使有一定经验的人当君主的话，如果怕幼年人当君主的话，如果要防备太监们把一连串的小孩子捧上宝座的话，那么建立这么一种继承的顺序是再好不过的了。有一些著者曾把这些兄弟看做是帝位的篡夺者②；但是这些著者的判断是以中国的法律思想为根据的。

按照努米底亚的习惯，继承了王位的，是伽拉的兄弟得尔萨斯[28]，而不是他的儿子玛西尼萨③。甚至到了今天，巴巴利的阿拉伯人仍然是这样④⑤；在那里，每一个村子都有一个村长，人们是按照这个古代的习惯，选择叔伯父、舅姑姨父或其他亲属作为他们的继承人的。

有些君主国，王位的继承是完全通过选举的；继承的顺序显然应该按照政治的或民事的法律的规定，所以应该由这些法律决定在什么情况下由子女继承才合理，在什么情况下则应该由他人继承⑥。

在多偶制的国家里，君主有许多子女；其中有些国家，君主的子

---

① 《伦巴底法》第2卷第14篇第6—8节。
② 杜亚尔德：《中华帝国志》论第二个朝代。
③ 狄特·李维：《罗马编年史》第29卷第29章。
④ 参看肖：《放行记》第1卷第402页。
⑤ 甲乙本没有"甚至到了今天"句。
⑥ 甲乙本多一段："阿拉伯有一个民族，在国王登基那天，所有怀孕的妇女都由人加以护卫，她们所生的第一个孩子就是王位的继承者"*。

* 斯特拉波：《地志》第16卷（孟德斯鸠原注）。

女多，有些国家，君主的子女少。有些国家①，国王的子女那么多，不可能由人民赡养，因此规定王位不由国王的孩子，而由国王的姊妹的孩子继承。

国王的子女特别多的时候，国家就有发生可怕的内战的危险。由国王的姊妹的孩子继承王位这种继承顺序，可以防止这些弊害，因为姊妹的子女的数目和只有一个妻子的国王的子女的数目当然是不相上下的。

有些国家，由于政治上的理由，或是由于宗教上的某种训条，不能不由某一家族永远执掌政权。这种情况在印度就产生了种姓的嫉妒和没有后嗣的恐惧②。他们认为，如果要永远不缺乏有王室血统的人当君主的话，就不能不由国王的长姊的子女来继承。

总的准则是：养育子女是自然法上的义务；由子女继承，是政治法规或民事法规上的义务。因此，关于私生子，世界上不同的国家就有不同的规定；这种规定是随着各国民事的或政治的法律而改变的。

第七节 自然法的问题不应依宗教的箴规裁决

阿比西尼亚人的斋期是五十天，极为艰苦，身体大受削弱，以致斋后长期不能做事。土耳其人就选择他们斋后的机会攻击他们③。宗教应该维护大自然所赋予的自卫权利，对这类习惯加以限制。

---

① 例如非洲的洛文果。参看《创建东印度公司历次航行辑览》第4卷第1篇第114页，和斯密士：《几内亚旅行记》第2篇第150页关于瑞达王国的记述。
② 参看《耶稣会士书简集》第14辑；《创建东印度公司历次航行辑览》第3卷第2篇第644页。
③ 《创建东印度公司历次航行辑览》第4卷第1篇第35和103页。

049

犹太人有守安息日的规矩，当敌人们选择这天进攻他们的时候，他们竟不进行自卫①，这对这个国家来说，真是愚不可及。

坎拜栖兹围攻柏卢潜的时候，把埃及人认为神圣的许多动物放在第一线。驻防军竟不敢接近。谁看不见大自然所赋予的自卫权利是高于一切箴规训条呢？

第八节　应依民法的原则规定的东西就不应依寺院法的原则规定

按照罗马民法，在神圣场所偷窃私物，仅仅以盗窃罪论处②；按照《寺院法》，则以亵渎神圣罪论处③。《寺院法》所注意的是地点；民法所注意的是事实。但是，如果仅仅注意地点的话，那就不仅没有考虑盗窃罪的定义和性质，连亵渎神圣罪的定义和性质也是没有加以思索了。

丈夫既然可以因为妻子的不忠实而要求离异，那么妻子也可以因为丈夫的不忠实而要求离异了。过去曾有过这种习惯④。它和罗马法是相违背的⑤，但是为教会法庭所采用。这种法庭只注意《寺院法》的训条。实际上，如果我们仅仅从纯粹精神上的概念出发、仅仅从同来世事物的关系出发去看待婚姻的话，那么不论夫或妻对婚姻的违背就都是一样的。但是几乎一切民族的政治的和民事的法律都合理地把

---

① 当庞培围困他们的圣殿的时候，他们就是这样。参看狄欧：《罗马史》第37卷第16章。
② 《法律》5等《茹利安法：关于偷窃公共财物》。
③ 《寺院法》第17章《不论谁》，问题4；古耶斯：《观察》第3册第13卷第19章。
④ 波马诺亚：《波瓦西斯的古代风俗》第18章第6节。
⑤ 《法律》1，《法典：茹利安法，关于通奸》。

二者区别开来。这些法律要求妇女须有一定的节制和贞洁，而对男子却并不提出这种要求；因为失掉了贞洁对妇女来说就等于放弃了一切品德；因为一个妇女违背了婚姻的法律就离开了她的天然的依赖关系；因为大自然对妇女的不贞是给以明确的标记的；不但如此，妇女奸生的子女必然成为丈夫的子女，由丈夫赡养；但是丈夫奸生的子女则不成为妻子的子女，也不由妻子赡养。

第九节　应依民法的原则规定的东西常常不能依宗教的原则加以规定

宗教的法律富于崇高性；国家的法律富于普遍性。

由宗教产生出来的"至善境域的法律"，主要是以遵守这些法律的个人，而不是以社会的完善为目的的。民法正相反。它的目的主要是一般人道德的完善，而不是某些个人道德的完善。

因此，由宗教直接产生出来的思想，不论怎样值得尊敬，并不老是可以用作民法的原则的，因为民法有另外一个原则，就是：社会一般的利益。

罗马人设立规则，以保存共和国妇女的风纪。这些是政治性的制度。在君主政体建立后，他们就制定了同这方面有关的民法；这是按照政府的原则制定的。基督教建立后，所制定的新法就同一般的善良风俗关系少，而同婚姻的神圣性关系多；它们从民事的关系去考虑两性的结合少，从精神的关系去考虑两性的结合多。

起初，按照罗马法，一个丈夫，在妻子被判奸淫罪后又复带她回家的话,将被当作她的淫行的共谋者而受到刑罚①。查士丁尼从另外一种想法出发,规定丈夫得在两年期内把她从修道院接回家②。

在初期,如果丈夫出征,杳无音信,妻子可以很方便地重行结婚,因为她手中掌握着离婚的权力。君士坦丁规定,妻子应等待四年,然后把离婚诉状呈递给军事当局[29];如果他的丈夫回来,就不能控告她犯奸淫罪了③。但是查士丁尼规定,在丈夫离开后不长的期间内,除非她根据军事当局的证言与誓言,证明丈夫确已死亡之外,她是不能重行结婚的④。查士丁尼的主张是,婚姻是不可解除的。但是我们可以说,他的主张太过分了。在有了消极的证据就已经够了的场合,他却要人提出积极的证据;他要人证明一个身在远方,经历万险的人的遭遇,真是强人之至难;在人们可以很自然地推定丈夫死亡的场合,他却要推定妻子犯罪,即遗弃丈夫的罪。他使一个妇女不能结婚,他损害了公共的利益;他使她受到无数危险的威胁,他又损害了个人的利益。

查士丁尼的法律规定,夫妇同意入修道院可以作为离婚原因之一⑤;这已完全离开了民法的原则。离婚的原因,应该从结婚前所未能预见到的某些障碍中产生,这是理所当然的。但是上述保存贞操的愿望,是完全可以预见到的,因为它就在我们的心中。这项法律将使婚姻关系变化无常,而婚姻关系在性质上是应当永恒不变的。它违背了离婚的基本原则,即准许一个婚姻的解除仅仅是因为有缔结另一个

---

① 《法律》11 末节等《茹利安法:关于通奸》。
② 《新法》134,第 10 章。
③ 《法律》7《法典:关于婚姻的解除和取消有关风纪的裁判》。
④ 《实例》,《今天不拘大小如何》篇;《法典:关于婚姻的解除……》。
⑤ 《实例》《今天的事》篇;《法典:关于婚姻的解除……》。

婚姻的希望。况且，就是从宗教的思想来说，这项法律也仅仅是在非举行祭祀的时候，把人给上帝作牺牲品而已。

第十节　在什么场合应该遵从民法所容许的，而违背宗教的禁令

当一种禁止多偶制的宗教传入了准许多偶制的国家里的时候，该国法律——单从政治来说——是不应该容许一个有几个妻子的人信仰这种宗教的，除非官吏或丈夫通过某种方式恢复妻子们民事上的身份地位，作为赔偿。否则妻子们的处境将是悲惨的；她们遵从了法律，但却被剥夺了社会上最大的利益。

第十一节　人类的法庭不应以有关来世的法庭的箴规作准则

宗教法庭是由基督教的僧侣们按照"忏悔法庭"的思想组织的；它同一切良好的施政是背道而驰的。它在各处引起了公愤。那些决心建立这种法庭的人们甚至从他们所遭遇到的反抗获取利益。要不是这样的话，这种法庭早已向这些反抗让步了。

这种法庭，不论对什么政府，都是不可容忍的。在君主政体之下，它只能制造告密者和卖国贼。在共和政体之下，它只能够培养不诚实的人；在专制政体之下，它和这种政体一样，具有破坏性。

第十二节　续前

这种法庭的弊害之一是：当两个人因同一罪名被控，一个人否认犯罪，就处以死刑，另一个人承认犯罪，就能免除刑罚。这种做法，渊源自寺院的思想；按照这种思想，否认就好像是不知悔改，应该受刑罚，承认就好像是知所悔改，应当"得救"。但是这么一种区别法是不应当同人类的法庭有任何关系的。人的审判只看行动；它对人类只有一项要求，就是"无罪"。神的审判则看思想；它对人类却有两项要求，就是"无罪"和"忏悔"。

第十三节　关于婚姻，什么时候应遵从宗教法规，什么时候应遵从民法

不论在哪一个国家，在哪一个时代，宗教总是干预婚姻的。当人们认为某些事情不洁净或是不合法，但又是必不可少的时候，就很有必要请宗教来把它们合法化，或是在另一场合，加以谴责。

在另一方面，婚姻是人类一切行动中最使社会感到兴趣的，所以又很有必要由民法加以规定。

婚姻的性质、形式、缔结的方式和由此产生的丰饶的果实——这一切都属于宗教职能的范围。一切民族都认为，子孙繁衍是天降厚福；婚姻不一定都产生繁多的子女，所以是要靠某些超人的恩惠的。

男女的这种结合在财产的关系上所产生的后果、相互间的利益、一切同新家庭、同新家庭所由出的家庭、同新家庭所将产生的家庭等有关系的事情——所有这一切则属于民法的范围。

婚姻的重要目的之一是消灭非法结合那种变化无常的状态。所以宗教就给婚姻打上了宗教的烙印，而民法也给婚姻打上了民法的烙印，为的都是要尽量使婚姻具有确实性。因此，有效的婚姻，除了宗教所要求的条件而外，民法还可以要求其他条件。

民法所以得到这种权力，是因为它给婚姻增加了条件，而不是提出同婚姻原有条件相矛盾的条件。宗教的法律规定婚姻要有某些仪式，而民法则规定婚姻要经父亲同意，这里，民法比宗教多提出了一项要求，但不是相矛盾的要求。

由此说来，婚姻关系可解除或不可解除，是应该由宗教去决定的问题。因为如果宗教的法律已经规定婚姻关系不可解除，而民法却规定它是可以撤销的话，那么二者就互相矛盾了。

有时，民法关于婚姻的规定并不是绝对必要的。有些法律并不撤销婚姻，而只是处罚婚姻的缔结者；这种法律关于婚姻的规定就不是绝对必要的。

罗马时代，《巴比恩法》宣布它所禁止的婚姻是不正当的婚姻，不过它仅仅加以处罚而已[1]。但是由马尔库斯·安托尼努斯皇帝倡议而成立的一项元老院法案则把这些婚姻宣布为无效；这就是说，什么婚姻、妻子、妆奁、丈夫等等就全都消灭了[2]。民法应相机行事，有时着重注意补救时弊，有时则着重注意防范未然。

---

[1] 参看我在本书第23章（《法律和人口的关系》）第21节所说的话。
[2] 参看《法律》16等《关于婚姻的仪式》；又《法律》3，第1节，也载《罗马法汇篇：关于夫妻间的赠予》。

第十四节　关于亲戚间的婚姻，什么时候应依自然法，什么时候应依民法的规定

在禁止亲属间的婚姻这一事情上，要很好地划出哪里是自然法的终点和民法的起点，这是一件极精微细致的工作。我们应该给它建立一些原则。

儿子和母亲结婚，就要搞乱事物的秩序。儿子对母亲应该有无限的尊敬，妻子对丈夫也应该有无限的尊敬；如果母亲和儿子结婚的话，就将把双方的天然地位都推翻了。

不但如此，大自然把妇女的生育期规定得早些，把男子的生育期规定得晚些，因此妇女的生育能力停止得早些，而男子则晚些。倘使母子可以结婚的话，那么当儿子血气方刚的时候，母亲却差不多已经都是不能生育了。

父亲和女儿结婚，也同样是违背自然的。不过它违背得少一些就是了，这是因为它没有上述两种障碍。因此鞑靼人可以娶自己的女儿[1]，但绝不能要自己的母亲，这点我们可以在旅行家们的记述里看到[2]。

父亲对子女的贞节留意看护，这总是理所当然的。父亲对子女负有培养的责任，就应当保护他们，尽可能使他们身体健全，精神不受玷污；一切能够激励他们的善良愿望，和宜于孕育他们温柔仁厚的

---

[1] 鞑靼人的这项法律是十分古老的。普利斯库斯说，阿提拉在某一个地方停下来，和自己的女儿爱斯卡结婚。他说，"这是西徐亚人的法律所许可的"。普利斯库斯：《出使阿提拉王廷记事》第22页。
[2] 《鞑靼史》第3篇第256页。

气质的东西，都应加以保存。父亲总是努力使子女品行端正，当然嫌恶一切能使他们腐化堕落的东西。人们将说，结婚并不是腐化堕落。但是在结婚前必须谈话，必须求爱，必须引诱；令人嫌恶的就是这种引诱。

因此，施行教育的人和接受教育的人，二者之间必须有一条不得超越的鸿沟，并避免一切腐败，即使是出于合法的原因的话，也是如此。做父亲的人为什么那样谨慎小心地不许那些要和他的女儿结婚的人陪伴、亲昵呢？

对兄弟姊妹相奸的嫌恶也是出于同一理由。父母只要有愿望使子女品行端正，家庭纯洁，这就足以在子女们心中激起对一切可能导致两性交合的事情的嫌恶。

禁止堂表兄弟姊妹结婚，也渊源于同一理由。在初民时代，也就是说，在清净无垢的时代，人们不知道什么叫做奢侈，所有的子女都居住在父母家里，并且就在那里结婚成家①，因为那时一所小房子就足以居住一个大家族。两个兄弟或堂表兄弟的孩子就被看做是兄弟②；他们自己也是这样看。兄弟姊妹既然不能结婚，那么堂表兄弟姊妹也就同样不能结婚了③。

这些原理极有力量而且是合乎自然的，所以几乎在整个地球上，即虽是毫无交往的地区，也都同样起了作用。罗马人并没有教给台湾

---

① 初期的罗马人就是如此。
② 实际上，在罗马，他们用同一个姓，堂表兄弟也都叫做兄弟。
③ 在古代罗马，堂表兄弟姊妹是不得结婚的；到了后来，人民为着要庇护一位极得人心的人物，通过了一条法律，准许堂表兄弟姊妹结婚。这位人物娶了他的堂姊妹（或表姊妹）。普卢塔克：《有关罗马的问题》。

的居民说，四亲等以内亲属结婚就是乱伦①；罗马人也没有这样告诉阿拉伯人②；他们也没有这样教给马尔底维人③。

虽然有些民族并没有反对父女间、兄弟姊妹间的婚姻，但是我们已经在本书第1章看到，"智灵的存在物"并不老是遵守自己的法则的。谁能想到，宗教的思想竟常常使人类这样迷失道路！亚述人和波斯人同自己的母亲结婚；亚述人这样做为的是在宗教上要对西米拉米斯表示尊敬；波斯人这样做是因为祆教优遇这类婚姻④。埃及人同自己的姊妹结婚；这也是由于埃及宗教的狂乱，用这种婚姻作祭献，来荣耀爱西司女神。宗教的精神是要我们竭尽全力去做伟大而困难的事业，所以我们不能因为一个虚伪的宗教把某一件事奉为神圣，就认为这件事是合乎自然的。

禁止父女和兄弟姊妹间的婚姻为的是保存家庭合乎自然的贞洁——这条原则，将帮助我们发现哪一类婚姻由自然法所禁止，哪一类婚姻只能由民法加以禁止。

子女是居住，或通常被认为是居住在父亲的家里的，所以女婿和岳母、公公和儿媳妇、丈夫和妻子的女儿⑤就都居住在一起了。他们彼此间的婚姻是自然法所禁止的。在这场合，"意象"产生了和"实在"相同的效果⑥，因为二者的基本情况是相同的⑦。民法不能够、也不应

---

① 《印度旅行辑览》第5卷第1篇；《台湾岛的现状》。
② 《可兰经》论妇女章。
③ 参看比拉尔：《旅行记》。
④ 人们认为这类婚姻要光荣一些。参看菲洛：《关于十诫的特殊法律》，巴黎1640年版第778页。
⑤ 例如前夫的女儿。——译者
⑥ 指假定的父母子女兄弟姊妹，例如女婿、岳母、公公、儿媳妇等，在效果上也同真正的父母子女兄弟姊妹一样，彼此不能结婚。——译者
⑦ 指二者都是住在同一个家里。——译者

该允许这类婚姻。

我①已经说过,有一些民族把堂表兄弟看做是兄弟,因为他们平常同住在一个家里。有些民族就没有这种习惯。在前一类民族,堂表兄弟姊妹间的婚姻就应当视为违背自然法;在后一类民族②就不应当。

但是,自然法并不是地方性的法律。因此,当这类婚姻被禁止或许可的时候,就应当按情况由民法予以许可或禁止。

夫妻的兄弟姊妹并没有必要也没有习惯居住在一个家庭里,所以要保持家庭的贞洁并没有必要禁止他们之间的婚姻。因此禁止或准许他们之间的婚姻的法律不是自然法,而是民法。民法是按照情况和各国的习惯加以规定的。这些就是法律以风俗和习惯③为依据的实例。

如果按照一个国家的习惯,某些婚姻的情况和自然法所禁止的婚姻的情况相同的话,民法就加以禁止。如果情况不相同的话,就不加以禁止。自然法的禁例是不变的,因为它所依据的事物也是不变的;父亲、母亲、子女必然同住在一个家庭里。但是民法的禁例却是偶然性的,因为它是以偶然的情况为依据的;堂表兄弟姊妹等等是偶然地住在同一个家庭里的。

这说明为什么摩西的律例、埃及人④和许多其他民族的法律准许夫妻的兄弟和姊妹结婚,而这些婚姻却是其他民族所不允许的。

印度允许这类婚姻,是有极自然的理由的。那里叔、伯、舅就被

---

① 甲乙本作"我们"。
② 原文作"在这些民族,……在另一些民族";甲乙本作:"在前一类民族,……在另一类民族"。
③ 甲乙本作"风俗或习惯"。
④ 参看《法律》8,载《法典:关于乱伦的婚姻和有害的婚姻》。

看得好像是父亲一样；他们有义务像对待自己的儿子一样，培养侄、甥。这是由于这个民族的性格善良而充满人道。这项法律或习惯又产生了另一项法律或习惯，就是：当丈夫丧失妻子的时候，他必然和她的姊妹结婚①，这是极合乎自然的，因为他的新伴侣将成为她的姊妹的子女的母亲，而不是一位残虐的继母。

第十五节　以民法为根据的事情就不应当用政治法加以规定

人类放弃了他们天然的"独立"而生活在"政治法"之下；同样，他们也放弃了他们天然的"财产的共有"而生活在"民法"之下[30甲]。

政治法使人类获得自由；民法使人类获得财产。我们已经说过，自由的法律是国家施政的法律；应该仅仅依据关于财产的法律裁决的事项，就不应该依据自由的法律裁决。如果说，个人的私益应该向公共的利益让步，那就是荒谬背理之论。这仅仅在国家施政的问题上，也就是说，在公民自由的问题上，是如此；在财产所有权的问题上就不是如此，因为公共的利益永远是：每一个人永恒不变地保有民法所给予的财产。

西塞罗认为，土地均分法是有害的，因为国家的建立只有一个目的，就是要使每个人能够保有他的财产。

那么，就让我们建立一条准则吧！它就是：在有关公共利益的问题上，公共利益绝不是用政治性的法律或法规去剥夺个人的财产，或是削减那怕是它最微小的一部分。在这种场合，必须严格遵守民法；

---

① 《耶稣会士书简集》第14辑第403页。

民法是财产的保障。

因此，公家需要某一个人的财产的时候，绝对不应当凭借政治法采取行动；在这种场合，应该以民法为根据；在民法的慈母般的眼里，每一个个人就是整个的国家。

如果一个行政官吏要建造一所公共的楼房，或修筑一条新道路的话，他就应该赔偿人们所受到的损失；在这种场合，公家就是以私人的资格和私人办交涉而已[30乙]。当公家可以强制一个公民出售他的产业，并剥夺民法所赋予他的"财产不得被强迫出让"的重要权利，这对公家来说，就已经很够了。

毁灭罗马的那些民族滥用了他们的胜利。后来，"自由的精神"使他们恢复了他们的"公道的精神"；他们温和适中地执行那些最野蛮的法律；如果有人对这点有所怀疑的话，他只要一读十二世纪[31]波马诺亚所著关于法学的佳作，就能知道的。

他的时代和我们今天一样，要修理大路。据他说，如果一条大路无法修理的话，人们就尽所能在靠近旧路的地方修筑一条新路，但是人们又从那些由这条路获得利益的人们征钱，以赔偿所有主们所受的损失[①]。他们当时的裁决是依据民法；而我们今天的裁决却是依据政治法。

---

① 领主指派税吏向农民征收通行税；伯爵强制绅士们出款，主教强制僧侣们出款。波马诺亚：《波瓦西斯的古代风俗》第25节第13和17节。

第十六节　应依政治法的准则处断的事项就不应依民法的准则处断

如果我们不把一个国家由财产推演出来的法规同由自由产生出来的法规混淆了的话，则所有这些问题都可以迎刃而解。

一个国家的"国有土地财产"[①]32是否可以让与的问题，应该由政治法而不应该由民法决定。所以不应该由民法决定，是因为一个国家需要有"国有土地财产"以供生活，这和一个国家需要有民法以规定财产的处分事项，是同样必要的。

因此，如果"国有土地财产"被让与了，则国家将被迫筹措新款，另置一份"国有土地财产"。但是这个措施将会把政府搞垮，因为，按照事物的性质，建置每一份"国有土地财产"，国民总要拿出更多的金钱，而国家的元首就会获得更少的利益；一言以蔽之，"国有土地财产"是必要的，让与是不必要的。

在君主国，王统继承顺序的建立是以国家的利益为根据的。国家的利益要求王统继承必须固定，以避免专制国家所常常发生的祸乱。——这种祸乱我在前面已经谈过了。在专制的国家，一切都是不确定的，因为一切都是独夫专断的。

王统继承顺序的建立，并不是为着王室，而是因为有一个王室统领，对国家是有利的。规定私人继承的是民法，民法是以私人的利益为目的的。规定王统继承的是政治法；政治法是以国家的利益与保全为目的的。

由此说来，当欧治法在一个国家里建立了王统继承的顺序，而这

---

① 不是一般的所谓"领土疆域"。——译者

个顺序又已经终了的时候,如果有人援引其他一个民族——不管是什么民族——的民法为依据,要求取得王统的继承权的话,那是荒谬绝伦的[33]。

一个个别的社会并不能为其他社会制定法律。罗马人的民法并不比其他一切民族的民法更富于适用性;罗马人自己在审判君王们的时候也没有应用他们的民法;他们审判君王们所依据的准则是极端卑鄙恶劣的,所以不应当恢复它们。

再由上推定,当政治法已经黜废某一家族,不许它继承王统的时候,如果人们依据民法的推论要求"恢复"王统的话,那也是荒谬背理的。损害的"恢复"是民法里面规定的东西,对那些遵照民法生活的人们是适用的;但是对那些为民法而设立、为民法而生存的人们[①]是不适用的。

如果说,人们可以根据我们——让我借用西塞罗的说法吧!——裁决私人间关于一条路旁小沟的权利问题时所使用的准则,去决定一个王国、一个民族、甚至整个地球的权利问题的话,那是可笑的[②]。

第十七节 续前

"贝壳放逐"[③]应该从政治法的准则,而不是从民法的准则加以研讨。这个习惯绝不能侮辱平民政治;反之,它正足以证明平民政治的宽仁温厚。我们总把放逐看做是一种刑罚。但是,如果我们能够把

---

① 指制定、执行民法的君主们。——译者
② 《法律》第 1 卷。
③ 注释见本书第二册第 12 章第 83 页注②内的译者附注。——译者

063

"贝壳放逐"的观念同刑罚的观念分别开来的话,我们就能够感到"贝壳放逐"的宽仁温厚了。

亚里士多德告诉我们,当时人人都承认这个惯例带着一些人道的成分,又极其为群众所喜爱①。在人们做出贝壳放逐判决的当时、当地,人们并不觉得它有什么可厌的地方。我们离开当时这样遥远,能够得出和当时的原告、判官、甚至被告不同的看法么?

当时人民的这种判决,是把无上的光荣给予被审判者的。在雅典,由于这种判决被滥用到一个毫无价值的人的身上②,人们立即停止使用这种判决③。如果我们注意这两个事实,我们就将很清楚地看到,后代的人关于"贝壳放逐"的观念是错误的;我们将很清楚地看到,"贝壳放逐"是一项美妙的法律,因为它防止了一个已经得到光荣的公民又一次得到光荣所可能产生的恶劣后果。

第十八节 必须研究外表似乎矛盾的法律是否属于同一体系

罗马许可丈夫把妻子借给别人。普卢塔克很明确地这样告诉我们④。人们知道,卡托把他的妻子借给荷填西乌斯⑤[34]。卡托并不是那种会违犯国法的人。

但在另一方面,如果丈夫容忍妻子淫乱,不把她交付审判,或是

---

① 《政治学》第3卷第3节。
② 即海柏鲍路斯。参看普卢塔克:《阿利斯底德传》。
③ 因为同立法精神相违背。参看本书第29章第7节。
④ 普卢塔克:《莱喀古士和努玛的比较》。
⑤ 普卢塔克:《卡托传》。斯特拉波:《地志》第11卷说:"这事就发生在我们的时代。"

在她被判罪后又接她回家①,则丈夫要受刑罚。这些法律,好像矛盾,但是并不矛盾。允许罗马人出借妻子的法律显然是拉栖代孟的制度;这个制度建立的目的是为着给共和国生产良种的子女——如果我可以使用这个说法的话。另一项法律的目的是在于维护善良风俗。前一项法律是政治法;后一项法律是民法。

第十九节　应依家法断处的事项不应依民法断处

西哥特人的法律规定,奴隶在遇到主妇同人通奸时有义务把两个行奸者捆绑起来,交给丈夫和法官②。这是一种丑恶的法律,因为它把国家、家庭和个人的复仇权交给这种卑鄙的人——奴隶!

这种法律只适宜于东方的后宫。那里的奴隶负责宫闱禁地;如有违法情事发生,奴隶首先要负渎职的责任。所以奴隶逮捕罪犯的动机,与其说是为着把罪犯交付审判,毋宁就是为着表白自己,让人调查犯罪行为发生时的情况,以避免自己失职的嫌疑。

但是在妇女不受监视的国家里,如果民法使家庭的主妇受到她们自己的奴隶的讯问的话,那就是毫无道理的了。

这种讯问最多在某些场合之下是一种特殊的家法,绝不是一种民法。

第二十节　属于国际法的事项不应依民法的原则断处

自由的主要意义就是,一个人不被强迫做法律所没有规定要做的

---

① 《法律》11 末节等《茹利安法:关于通奸》。
② 《西哥特法》第 3 卷第 4 篇第 6 节。

事情；一个人只有受民法的支配才有自由。因此，我们自由，是因为我们生活在民法之下。

由此说来，君主们彼此之间的关系并不是受民法的支配，所以他们是不自由的。他们受暴力的支配。他们永远是强制别人或是受到强制。因此，他们依暴力缔结的条约和他们自愿缔结的条约，同样具有强制性。至于我们，都是生活在民法之下；当人们强迫我们订立某种非法律所要求的契约时，我们可以在法律支持之下，反抗暴力的侵害。但是一个君主所处的地位，不是强制别人就是受到强制；他不能抱怨人们用暴力强迫他订定条约。——这就好像是抱怨他的天然地位；就好像是他想成为其他君主的君主，把其他君主都当做他的子民；也就是说，违反事物的本质。

第二十一节　属于国际法的事项不应依政治法断处

政治法要求每一个人都要服从所在国的民、刑事法庭的管辖和该国元首的惩罚。

国际法要求君主们派遣使臣。由事物的性质推演出来的道理，不允许使臣受任地国的元首和法院的管辖。使臣是遣使国君主的喉舌，这个喉舌应该有自由。不应该有任何东西阻碍他们的行动。他们可能时常冒犯人，因为他们代表一个独立的人说话。如果他们可以因犯罪而受刑罚的话，人们就将把罪行都加在他们身上。如果他们可以因债务而被逮捕的话，人们就将给他们捏造些债务。君主在本质上是骄矜豪放的，但是上述情形将使他们不能不通过一些为一切恐惧所包围的人们的喉舌说话了。因此，关于使臣问题，我们就应该遵从由国际法推演出来的道理，而不应该遵从由政治法推演出来的道理。但是如果使臣们滥用他们代表的身份，人们可以把他们遣送回国，就这样停止他们的代表身份。人们甚至可以向他们的君主控告他们；在这种场合，君主就成为他们的审判官或是共犯者。

第二十二节　印伽人阿杜阿尔巴的不幸遭遇

我们这里所阐述的原则，曾经受到西班牙人蛮横的破坏。印伽人阿杜阿尔巴只应该受到国际法的审判，但是西班牙人却用政治法和民法对他进行审判[①]。他们控告他曾经把他的某些臣民处死、曾经娶几个妻子等等。而最愚蠢不过的是，他们不是依据他的国家秘鲁的政治法和民法，而是依据他们的国家西班牙的政治法和民法来定了他的罪。

第二十三节　由于某种情况，政治法将使国家遭受毁灭的时候，就应该采用保存国家的政治法；这种政治法有时就成为国际法

一种政治法在一个国家里建立某种王统继承顺序原是为了这个国家，但是当这种政治法对这个国家反而起了毁灭作用的时候，毫无疑问，这个国家就应该采用另一种政治法来变更这种继承顺序。后一种政治法绝不是和前一种政治法相违背，而是在基本上和它相一致，因

---

① 参看维加：《秘鲁征服史》第 108 页。

为这两种政治法都是从同一个原则出发,就是:"人民的安全就是最高的法律"。

我已经说过,一个大国成为另一国的附庸时自己就要衰弱下去,而且甚至要使宗主国也衰弱下去①。人们知道,一个国家有自己的元首,公共收入管理得宜,金钱又没有流出去使另一个国家富裕,——这些对于这个国家都是利益攸关的。治国的人,不要为外国的箴规训则所感染陶醉,这点特别重要。外国的箴规训则总不如本国既有的箴规训则合适。此外,人类对自己的法律和习惯总是不可思议地依恋不舍的;每个民族都因自己的法律和习惯而感到幸福快乐。我们从各国的历史看到,如果没有大动乱和大流血,人们是很少改变自己的法律和习惯的。

由此说来,如果一个大国的王统继承人是另一个大国的君主的话,前者是完全可以拒绝这个君主为继承人的,因为变更这个王统继承顺序对于两国都是有益处的。因此,俄国伊利沙伯朝初期制定了一项法律,很明智地规定,任何国家的君主不得为俄国王位的继承人;葡萄牙的法律也不许任何外国人以血缘关系为根据要求继承大统。

如果一个国家可以排除外国君主继承王统的话,那它更有理由要求外国君主放弃继承权了。如果它害怕某一个婚姻关系会给它带来某些后果,例如使它丧失独立或遭受分割的话,它完全可以要求结婚的人和他们所生的子女放弃对它所将取得的一切权利[35]。国家既然可以制定法律排除这些人取得继承权利,那么这些人——权利的放弃者和放弃权利的受损者——更不能有所抱怨了。

---

① 参看本书第一册第5章第14节;第8章第16—20节;第二册第9章第4—7节;第10章第9—10节。

第二十四节　警察规则和其他民法不属于同一体系

有一种罪犯，官吏处以刑罚；另一种罪犯，官吏加以矫正。前一种罪犯属于"法律势力"的管辖范围；后一种罪犯属于"官吏权威"[36]的管辖范围。前一种罪犯为社会所摈弃；后一种罪犯则被强制遵从社会的规矩生活。

在警政的实施上，惩罚者与其说是法律，毋宁说是官吏。在犯罪的审判上，惩罚者与其说是官吏，毋宁说是法律。警察的事务是时时刻刻发生的事情，通常问题很小，几乎不需要什么手续、形式。警察的行动必须迅速；警察处理的是每天一再发生的事件，所以处以重刑是不适当的。它所致力的永远是一些繁枝细节，所以人们不为它树立伟大的典型。它与其说有法律，毋宁说只是些规则而已。在警察管辖下的人们，不断受到官吏的监督。所以如果这些人放纵无度，那是警察的过错，因此，我们不应当把严重触犯法律同单纯违反警规混淆了起来。这些东西并不属于同一个体系。

因此，意大利的一个共和国①的做法是违背事物的性质的。在那里，携带火器和死罪受到同样的刑罚；使用火器做坏事竟不比携带火器更为有害！

土耳其皇帝做了一件备受赞扬的事，就是：当他发现一个面包商舞弊的时候，他就处以"刺杀刑"②。但由上说来，这是怎样的一个皇帝的行动呢？他污辱了公道，而不懂得怎样维持公道。

---

① 威尼斯。
② 即用长棍刺入肛门使人死亡的刑罚。——译者

第二十五节 当问题应当服从由事物的本性推演出来的特殊法规的时候，就不应当依照民法的一般规定处理

如果有法律规定，船在航行途中水手们在船上所订的一切民事契约均属无效；这是一种好的法律么？佛兰司哇·比拉尔告诉我们，在他的时代，葡萄牙人不遵守这种法律，而法兰西人则加以遵守[①]。船上的人只是暂时在一起，他们不需要任何东西，因为君主供给了他们的需要，他们只有一个目的，就是航行，他们已经离开了社会，而成为船上的公民；他们不应当缔结民事契约，因为这种契约的成立仅仅是负担文明社会的义务而已。

在罗得人经常进行海岸航行的时代，他们也制定了一项具有同样精神的法律。该法规定，在暴风时留在船上的人则占有船和货，离开船的人则一无所有。

---

① 《旅行记》第14章第12节。

原编者注

1. 在这里和在下面,我们看到,孟德斯鸠在谈论到一个他当作正式的宗教而特别加以尊重的宗教时,是如何彬彬有礼,如何小心谨慎。
2. 拉布莱说:"这是不是暗指驱逐西班牙的犹太人和摩尔人的事件?"
3. 原文 police(警察、公安等),这里又应作施政、行政、政府、政体等解。
4. 在神学的术语里,"劝说"和"戒律"是有区别的;前者仅仅是规劝,后者则是命令。
5. "某一种人",指的是神父和修士。
6. 拉布莱说,根据1874年11月14日《政治杂志》里戴步瓦的一篇文章,"这节可能是从孟德斯鸠幼年时的著作《泛论义务》一书中摘出的"。
7. 孟德斯鸠在这个脚注里所说的"佛"和"老君"就是"佛陀"和"老子"。
8. 这书责难君士坦丁,说他皈依基督教只是为着要"为他的儿子的死忏悔赎罪";实际上,他的儿子已经死十四年了。

9. 原文"nécessité"（必要），应按照它"较强的"意义，作"命数"解。

10. "美阿果"就是京都、东京①。

11. 领主们承认圣路易所制定的"神命的休战"。

12. 原文"expier"（赎罪、忏悔），应作"使洁净""涤除罪污"解。

13. "住所变更"，只是地点改变而已。以埃及人为例，他们似乎认为，灵魂和躯体分开后，它的需要仍然和躯体相同。

14. "寒冷地方"，指的是北美洲。

15. "枯耳河"，即古时的居鲁士河，流入里海。

16. 主教会议决定必须这样称呼。

17. 孟德斯鸠避免说出这是天主教纪律的一项。

18. 孟德斯鸠这里想到的也许是1747年马寿总管的《永远管业法》。该法规定，僧侣取得不动产必须在法律上经过批准。

19. 原文"àvie"（终身），应作"终身年金""养老费"解。

20. "一个斯巴达人"，即莱喀古士。见普卢塔克著作。

21. 见孟德斯鸠：《波斯人信札》第19封信。

22. "加利固特"，在印度；前属英领地首邑玛德拉斯管区。

23. 这里指的是当时在中国耶稣会士和多明我会士之间的竞争。

24. 二者并不老是那么容易区别的；这两种体系尤其是不易协调，这从安梯贡和克列恩的辩论可以看到。

25. 以便赔偿被盗窃人所受的损失。

26. 这里谈的是拉辛所著的《非德耳》一剧。

---

① 此注误。美阿果（"都"；シヤコ）在日文原为首都的意思，虽然可以说是京都或东京，但在当时只可能是京都。——译者

27. 原文"caractère"（性格），应作"名誉""荣誉"解。
28. "得尔萨斯"即"奥尔萨斯"。
29. 原文"an chef"（给首长），应作"给军事当局"解。
30. 甲、当时，按照这种说法，"绝对的独立"和"财产的共有"就好像是"天然的"东西了。现在人们已经放弃这些简单的思想了。
31. 乙、这种因征用而赔偿损害的惯例是大革命时代才开始的。
32. "十二世纪"，误，应作"十三世纪"。
33. 这里所谓"国有土地财产"是由公共财产及其收入的总数所构成的。
34. 孟德斯鸠这里指的是路易十四依据"女子继承权"向西班牙要求佛兰德兹和阿尔杜哇这些省份。
35. 实际上，卡托和他的妻子离婚；在荷填西乌斯死后又再娶她。说他把妻出借，显然是不恰当的。
36. 这里暗指的又是上述的"女子继承权"（参看上面第34号注）。
37. 原文"权威"，指的是官吏的权威。